Lettres pastorales, mandements, sermons, déclarations et circulaires de Mgr René Vilatte 1892 – 1925

Recueillis et édités par

Serge A. Thériault, Ph.D., D.Th.

THE APOCRYPHILE PRESS
Berkeley, CA

Sur la première page: les armoiries de Mgr Vilatte.

The Apocryphile Press
1700 Shattuck Ave. #81
Berkeley, CA 94709
www.apocryphile.org

Lettres pastorales, mandements, sermons, déclarations et circulaires de Mgr René Vilatte, 1892 – 1925
Copyright © 2017 Serge A. Thériault, Ph.D., D.Th.
ISBN 978-1-944769-72-7

Printed in the United States of America

Please join our mailing list at
www.apocryphilepress.com/free
and we'll keep you up-to-date on all our new releases
—and we'll also send you a FREE BOOK.
Visit us today!

TABLE DES MATIÈRES

Mgr Vilatte est né à Paris le 24 janvier 1854, du mariage de Joseph R. Vilatte, marchand, et de Marie-Antoinette Chorin. Il travailla au Canada comme enseignant [1] et fut disciple du curé réformateur Charles Chiniquy, [2] à l'origine de l'Église catholique-chrétienne. Il partageait sa vision d'une église purifiée qui présente l'évangile comme l'Église primitive; exerce l'autorité selon l'esprit démocratique de l'Amérique et recherche l'unité pour laquelle le Christ a prié. [3]

Il fut formé par le curé Chiniquy, en son séminaire de Sainte-Anne (Illinois), après des études théologiques à l'Université McGill de Montréal (1881-1883). Envoyé par lui au Wisconsin, il y fonda des paroisses, ainsi qu'au Canada, après son ordination par l'Église catholique-chrétienne de la Suisse en 1885. C'est une église membre du Mouvement vieux-catholique.

Trois ans plus tard, fut établi le diocèse des vieux-catholiques d'Amérique, incorporé au Wisconsin puis au Québec. [4] Mgr Vilatte fut élu premier évêque. Il a été consacré en 1892, par une église catholique indépendante au Sri Lanka, rattachée au Patriarcat d'Antioche (syriaque).

À partir de 1894, son épiscopat a été sollicité par d'autres groupes nationaux des États-Unis, polonais surtout, qu'il a rassemblés dans l'American Catholic Church (ACC). [5] «Les églises gardaient leur indépendance et poursuivaient leurs activités pastorales propres.» [6] Le soutien de son épiscopat a également été demandé en France et il est allé aider à l'organisation d'une église catholique française dite gallicane, rendue possible par la Loi des cultuelles de 1905. [7]

Mgr Vilatte fut un humaniste généreux et s'est mérité l'estime de l'église,[8] malgré ses détracteurs, jusqu'à sa mort à Versailles (France) le 1er juillet 1929. Il s'y était retiré en 1925.

Il a laissé des ouvrages publiés[9] qu'on peut lire en ligne, tels que *Ecclesiastical Relations between the Old Catholics of America and Foreign Churches*[10] et *Encyclical to All Bishops Claiming to Be of the Apostolic Succession*, de teneur apologique. Mais il est à son meilleur dans ses lettres pastorales et ses mandements ou instructions, ainsi que dans ses allocutions, sermons, déclarations et circulaires qu'on connaît peu ou pas.

Plusieurs de ces écrits ont été perdus, notamment des lettres pastorales. Mais on a la première, écrite en octobre 1892,[11] une autre de décembre 1897,[12] et une troisième, publiée le 1er janvier 1910,[13] conjointement avec les évêques des constituantes polonaise et italienne américaines: Stefan Kaminski et Paolo Miraglia-Gullotti. La première donne la vision de son épiscopat au service de la vérité; l'autre souligne la persévérance qu'il faut avoir dans ce but, étant donné les obstacles à surmonter; la troisième expose la foi et les principes ecclésiastiques de l'ACC.

J'ai retrouvé un plus grand nombre de mandements ou instructions. C'est heureux car Mgr Vilatte y expose sa pensée sur des questions de vie chrétienne en général (la personne du Christ,[14] de petites choses à faire pendant le carême,[15] l'obligation d'assister à la messe[16]) et sur des sujets particuliers à notre rite comme: la foi catholique de toujours,[17] révélée une fois pour toutes,[18] et le saint Esprit qui procède du Père.[19]

Également, j'ai pu mettre la main sur des sermons et allocutions qui ont subsisté, grâce à des journaux et autres publications, incluant ceux de l'Église. C'est le cas de: *Contre le mal, la droiture*, aux chevaliers et commandeurs de l'Ordre de la Couronne d'épines,[20] *Dieu est avec vous*, à l'église polonaise de Detroit,[21] *Que signifient ces pierres?*, à l'église polonaise de Cleveland,[22] *L'Église vous offre le christianisme original avec la liberté chère aux Américains*, lors d'un synode à Cleveland,[23] *Dieu est plus fort que les humains*, à l'église des Saints Apôtres à Paris,[24] *On a pas besoin d'être prophète...*, lors de la consécration de Mgr Frederic E.J. Lloyd à Chicago,[25] et *Cette église est bâtie sur le roc solide: Jésus Christ*, à l'église polonaise de Central Falls (Rhode Island).[26]

Enfin, j'ai rassemblé des déclaration et circulaires qui donnent les perspectives de Mgr Vilatte sur l'établissement de paroisses et missions (au Wisconsin,[27] au Connecticut[28] et au Canada[29]), sur l'Église romaine (pouquoi nous n'en sommes pas membres[30] et rejet du pouvoir qu'elle s'arroge sur les autres églises[31]), sur la chevalerie,[32] l'unité chrétienne,[33] la colonisation[34] et les œuvres de miséricorde,[35] dans lesquelles il s'est investi comme évêque. Nous y ajoutons des décrets de 1907, confirmant Mgr J.E. Houssaye de France,[36] et de 1921 et 1923, autorisant la consécration des prêtres George A. McGuire et William Ernest Robertson comme évêques de l'African Orthodox Church, ainsi que sa déclaration du 22 janvier 1925, remerciant les évêques gallicans français de lui avoir octroyé le titre de « patriarche ».[37]

Je présente les textes selon l'ordre indiqué plus haut, avec quelques illustrations ou photos et des notes explicatives au besoin. La plupart des textes ayant paru en anglais aux États-Unis, je les ai traduits pour notre lectorat francophone.

On trouvera à la fin du livre la liste des passages bibliques cités par Mgr Vilatte, avec les abbréviations d'usage,[38] une chronologie des événements de son épiscopat (1892-1925), une bibliographie contenant le relevé de ses publications et, en annexe, les statuts constitutifs qu'il a rédigés pour l'incorporation du diocèse et de l'ACC. À la toute fin du livre, sont placées les notes explicatives.

Je termine cette introduction en donnant un aperçu de la théologie exprimée dans ces textes et ainsi faciliter leur lecture et leur appréciation.

Cadre théologique de ces textes

Un survol de la théologie exprimée dans ces textes a été fait par Mgr Casimir Durand, notre deuxième évêque.[39] Il a été formé par Mgr Vilatte et trouvait ses écrits inspirants, les mandements, sermons et déclarations en particulier.[40]

Mgr Vilatte prônait un renouveau moderne de l'ancien catholicisme, fait sous l'inspiration du Christ, notre seul Chef. Il voyait "l'Église unie comme au temps du christianisme indivisé de l'Est et de l'Ouest." [41] Il ne voulait pas fonder une nouvelle religion, mais aspirait à vivre dans l'Église du Nouveau Testament et des écrits des premiers siècles.[42] Il tenait pour erronés les dogmes de l'infaillibilité doctrinale et de la juridiction universelle de l'évêque de Rome. Il n'acceptait pas que la dogmatisation de ces erreurs, par le pape et la majorité des membres du Concile du Vatican (1870), suffise à en faire des vérités de foi.[43]

Il visait une réforme de la théologie, à l'encontre des falsifications. Il voulait aussi réformer les structures ecclésiastiques et rétablir l'unité chrétienne.

Il distinguait le dogme de la théologie. Il entendait le *dogme* au sens des paroles du Christ, rapportées dans l'écriture; et la *théologie,* comme interprétation de ses enseignements (faciliter leur acceptation et leur mise en pratique). La distinction entre les deux apparaît lorsqu'on utilise le critère de catholicité de saint Vincent de Lérins: « est catholique ce qui a été cru partout, toujours et par tous. » Mgr Durand précise: « les églises ne peuvent se tromper si elles ont toujours cru en la doctrine enseignée par les apôtres. Quant aux interprétations théologiques de la doctrine, elles dépendent de la raison, de la science, de l'histoire et des diverses connaissances dont l'humanité dispose. Ainsi, la foi et la liberté sont réconciliées: la foi qui ne dépend pas des caprices d'écoles mais du témoignage historique et objectif de l'Église, et la liberté de critique ou de raison, propre aux traditions et intérêts religieux de chaque église particulière ». [44]

La foi est le dépôt de tous les préceptes confiés par le Christ à ses disciples. C'est un dépôt qui n'appartient à personne de façon exclusive, mais que chaque église doit conserver sans omission ni addition.[45] La théologie, quant à elle, appartient à la raison, à l'histoire, à la critique, et elle obéit à des règles établies, comme c'est le cas de toutes les sciences. Les fruits de la foi ne sont pas de découvrir de nouveaux dogmes, ni de compléter la révélation transmise une fois pour toutes (Jude 3).[46]

Devenir l'Église que le Christ veut qu'on soit: voilà l'enjeu. Il a établi une hiérarchie pour aider les croyants à atteindre ce but, non pour dominer sur eux. Si quelqu'un veut être le premier, ce doit être pour servir ses frères et sœurs (Mc 9, 35). Les responsabilités premières des pasteurs sont d'ouvrir la conscience des croyants et de faciliter son illumination (Gal 2, 20); d'agir comme s'ils étaient d'autres Christ. Pour Mgr Vilatte, la mission de l'Église est religieuse et

9

spirituelle. Le Christ ne lui a pas donné d'autorité mondaine ou temporelle. Aux apôtres et disciples qu'Il s'est choisis, Il a laissé des règles strictes afin qu'ils soient des exemples pour le troupeau. Les premiers évêques étaient des intendants, non des maîtres (Mt 23, 8). L'Église primitive était regroupée sous un seul chef et seigneur: le Christ.

« Graduellement, commente Mgr Durand, des liens de fraternité et de charité se sont formés entre les diverses églises locales, et des synodes sont apparus avant même qu'on parle de conciles généraux. On voit qu'il faut ramener à sa signification première, non seulement le rôle de l'épiscopat, mais aussi ceux du synode et du concile. Nous travaillons à ramener au sens qu'ils ont dans l'écriture et les anciennes traditions, les concepts de pasteur, d'évêque, de synode, de concile, d'autorité ecclésiastique et d'infaillibilité. L'Église est de constitution monarchique mais c'est à cause du Christ-Roi, son seul monarque. Dans la pratique, elle est une simple société devenue, avec le temps, une république universelle. Le siège de Rome a éventuellement acquis une certaine primauté parce que la ville est devenue la capitale de l'empire romain. Mais c'est une primauté d'honneur, non de juridiction.[47] Le Christ n'a pas pris un de ses disciples pour l'ériger en maître au-dessus des autres. Quand Il a dit à Pierre de paître ses agneaux et son troupeau (1 Pi 5, 2), c'était pour le rétablir dans sa fonction épiscopale: une fonction dont il s'était montré indigne en déniant son Seigneur. Comme il s'est repenti, il méritait d'être réinstallé et il l'a été. Mais c'est une erreur de transformer cette réinstallation en une exaltation au-dessus des autres. »[48]

Tel est l'esprit dans lequel Mgr Vilatte voulait restaurer la conception de l'Église et que s'opère, « in capite et in membris », une nécessaire réforme ecclésiastique.[49]

Dès le commencement de son ministère, Mgr Vilatte a travaillé au rétablissement de l'unité chrétienne. On connaît ses efforts, avec le Père Chiniquy, dont il partageait le désir « d'embrasser tous les chrétiens selon la loi de l'évangile. » Il encourageait un retour à l'union spirituelle des origines de l'Église: le lien de la paix (Éph 4, 3) capable de produire la véritable fraternité chrétienne dans le monde.

Il distinguait des aspects essentiels sur lesquels les églises doivent construire leur unité, comme « la même foi professée dans l'Est et dans l'Ouest »,[50] et d'autres, secondaires, tel que préserver l'autonomie et le caractère distinct de chacune. Quand toutes s'aimeront et travailleront ensemble au bien-être social, spirituellement unies au Christ, sous la contrainte de l'amour (Lc 14, 23), Dieu régnant dans les consciences, alors l'union pourra se faire sur les points litigieux.[51]

En résumé, Mgr Vilatte voit l'Église refaire son unité sous le pouvoir de l'Amour divin. Cette vision se réalise dans le respect de la conscience, en bâtissant l'Église sur le Christ et sur la vérité donnée une fois pour toutes aux saints. En professant, dans l'Est et dans l'Ouest, la foi de l'Église qu'Il a fondée et que les apôtres ont annoncée; « non en introduisant un vortex d'innovations (tels les dogmes papaux) comme l'a fait l'Ouest alors que l'Est s'en tenait au catholicisme de l'Église indivisée. » [52]

I
LETTRES PASTORALES ET MANDEMENTS
OU INSTRUCTIONS

1

DÉFENDRE LA VÉRITÉ CATHOLIQUE ORTHODOXE

Lettre pastorale d'octobre 1892

Au nom de la Trinité Une, Très Sainte et AdorableJoseph René, par la grâce de Dieu le Père, la volonté de son Fils et l'inspiration du Saint-Esprit, métropolitain des vieux-catholiques d'Amérique, à tous les fidèles que ceci peut concerner, santé, paix et bénédiction dans le Dieu éternel.

Quand le Seigneur, dans ses desseins, osa nous élever à la dignité épiscopale, un profond sentiment est entré dans notre âme en considérant notre faiblesse car, en face des circonstances difficiles, nous comprenions qu'il fallait compter sur la puissance d'en haut pour se faire le gardien de la foi catholique. En dépit de notre faiblesse pour remplir une si noble mission, nous avons accepté cette terrible responsabilité puisque tel était le dessein de Dieu, désir manifesté d'une manière incontestée depuis trois ans.[53]

Aujourd'hui, comme au temps des Apôtres, Dieu a voulu choisir le moins sage d'entre les hommes pour confondre le plus sage, le plus pauvre pour confondre le plus riche, le plus faible pour détruire le plus fort (1 Co 1, 27-29). Ainsi, ce n'est ni la sagesse, ni la noblesse de caractère, ni la richesse qui ont fait de votre pasteur le gardien de la seule et sainte religion catholique et apostolique.

Oui, Dieu s'est manifesté à notre indignité et nous a ordonné de supporter, comme un bon soldat du Christ, les persécutions des infidèles. C'est aussi de Lui que nous avons reçu l'ordre de prêcher aux Gentils, qui méprisaient alors notre foi, pour qu'Il leur accorde le repentir et les ramène dans le droit chemin.

En présence des nombreuses divisions qui affligent le christianisme, et qui sont la vraie conséquence du schisme romain, depuis la séparation de 1054,[54] il nous faut nous garder prudemment contre toute apparence trompeuse et ne pas nous éloigner de la foi de nos pères.

La prétendue réforme du 16ᵉ siècle a donné naissance à des sectes hostiles si nombreuses et si variées que ces dernières ont amené une véritable Babel religieuse, dont le résultat a été la destruction de la morale chez le peuple. De tous côtés, nous voyons confusion de langues, labyrinthes d'opinions, chacun essayant de sortir des ténèbres pour arriver à la lumière que Dieu seul a créée. Telle est l'erreur commune au romanisme[55] et au protestantisme.

Dans la foi chrétienne, rien de nouveau ne peut être créé, inventé ou imaginé. La vraie religion du Christ est sortie parfaite des mains de Dieu et personne ne peut y ajouter ou retrancher un seul iota. Il n'existe pas d'autre voie certaine, pour ceux qui vont à l'aventure, au gré de l'erreur, que de revenir au vieux-catholicisme orthodoxe, c'est-à-dire à l'époque où l'Église d'Orient n'était pas moins orthodoxe que l'Église primitive de Jérusalem.[56] Également de se soumettre aux canons, aux dogmes du Saint-Esprit qui, autrefois, parlait à nos pères en différentes langues et aujourd'hui, nous parle par la Sainte Bible, par la vraie tradition, en harmonie avec le Verbe éternel, et par les sept conciles œcuméniques inspirés de Dieu, qui ont affirmé une fois pour toutes la foi enseignée aux Saints (Jude 3). Les vérités, que les conciles œcuméniques ont formulées, sont celles auxquelles on doit croire pour être sauvé. C'est la religion prêchée par les Apôtres, contre laquelle « les portes de l'enfer ne prévaudront pas » (Mt 16,18).

Ô vous, aimés de Dieu, restez fidèle à cette foi divine qui vous sauvera, la seule dans le monde qui aie le droit de se dire catholique orthodoxe; ne portons scandale à aucun de ceux qui sont dans l'erreur. Rappelons-nous que nous avons une sainte mission, que ce soit dans les rangs du clergé ou dans le cercle de la famille. Restons toujours et partout dignes de Celui qui, par grâce spéciale, nous a conduit à la seule arche de salut.

Laissez-moi également vous rappeler qu'il faut, dans la mesure de vos moyens, secourir Jésus Christ dans ses pauvres, assister les veuves et les orphelins, les malades, les affligés et nos morts. N'oubliez pas non plus, en bons et loyaux citoyens, de prier pour votre bien-aimé pays et pour ceux qui vous gouvernent, afin que la paix et la prospérité règnent sans cesse.

Ce que le monde peut dire de nous nous importe peu aussi longtemps que notre conscience est pure devant Dieu et que, à ce titre, nous avons droit à l'estime générale en toutes choses. Dans la joie comme dans la douleur, n'ayons en vue que de plaire à Dieu et de faire sa volonté.

Nous ne sommes qu'un petit troupeau professant la vraie foi catholique dans ce vaste nouveau monde, et c'est le reproche que nous font nos adversaires. Mais le grand nombre de nos frères séparés, qui vivent dans l'incertitude et l'agitation continuelle, ne prouve pas que le petit nombre soit moins heureux. Les Apôtres n'étaient que douze, mais comme on sait, il est sorti beaucoup de ce petit noyau.

Honneur et gloire à Dieu jusqu'à la fin des siècles. Amen.

Église Sainte-Marie à Duval, Wisconsin.
C'est là qu'était la cathèdre de Mgr Vilatte en 1892.

2

SUR LA PERSONNE DE NOTRE SEIGNEUR
JÉSUS CHRIST

Mandement de l'avent 1893 [57]

L'une des trois personnes, le Verbe du Père, est descendue du ciel de sa propre volonté et de celles de son Père et du Saint-Esprit, et a été conçue dans le sein de la Vierge Marie, par l'annonce de l'archange Gabriel.

Il a pris chair par le Saint-Esprit et de la Vierge Marie. La divinité s'est unie à l'humanité, et après neuf mois, Il est né d'elle dans un mystère incompréhensible à la nature et aux sens, sans briser le sceau de virginité de sa mère, ni lors de son incarnation, ni à un autre moment, avant ou après.

Quand Celui, dont la gloire remplit le ciel et la terre, s'est trouvé couché dans une crèche, les corps célestes et terrestres l'ont glorifié. Il était entièrement dans le sein de son Père et entièrement dans la crèche sans séparation. Dans son incarnation, sa divinité n'a pas été mélangée avec son humanité, ni son humanité avec sa divinité. Les deux natures ont été préservées sans confusion.

L'union de la divinité avec l'humanité était substantielle et inséparable. Et le Verbe s'est fait chair et Il a habité parmi nous, comme le croit l'Église une, sainte, catholique et apostolique.

3

PETITES CHOSES À FAIRE

Mandement en forme de poème

Carême 1895

Je ne puis faire de grandes choses pour Lui,
qui a tant fait pour moi.
Mais je peux, cher Jésus, te montrer mon amour.
Puis-je, ô Sauveur, t'être fidèle en de petites choses.

Il y a de petites choses de la vie quotidienne,
dans lesquelles je puis obéir et te montrer mon amour.
Il y a aussi, chaque jour, de petits mots gentils
que je peux dire pour Toi.

Il y a de petites croix que je puis prendre,
de petits fardeaux que je puis porter, de petits gestes de foi,
de petites preuves d'amour et de petits soucis que je puis partager.
De petits travaux que, partout, je puis faire pour Toi.

Et ainsi puisses-tu me donner ta grâce, une petite place à occuper,
que je puisse marcher avec Toi et toujours faire ta volonté.
Dans chaque tâche, grande ou petite,
puis-je toujours t'être fidèle.

4

NOUS MAINTENONS LA FOI DE TOUJOURS

Instruction de juillet 1895

L'Église entière a été représentée sept fois en concile, pour maintenir la pureté de la foi répandue dans le monde et enseignée dans l'Est et dans l'Ouest. Il n'y avait alors qu'une seule Église catholique. C'était le temps de la chrétienté indivisée et on n'avait pas à chercher la vraie Église: elle était comme une cité au sommet d'une montagne. On ne pouvait pas la manquer: elle était visible de partout.

Cet état de fait a continué jusqu'à la séparation survenue entre l'Est et l'Ouest. La papauté, que l'Est avait empêchée de pousser ses privilèges de façon démesurée, est alors sortie du sentier commun. Pendant que l'Est continuait de garder le terrain de l'ancien catholicisme, l'Ouest a été entraînée dans un vortex d'innovations. Or, ce qui a été catholique doit le demeurer pour toujours. La catholicité de l'Est, reconnue par l'Ouest avant le schisme, n'a pas changé. Et elle est inattaquable car elle représente la foi du christianisme indivisé, auquel les baptisés doivent retourner s'ils l'ont abandonnée. Nous devons ramener nos frères et soeurs à l'ancienne foi. C'est notre position.

L'Église vieille-catholique orthodoxe est l'Église instituée par le Christ dans l'Ouest. En conséquence, c'est la volonté du Seigneur que tous les chrétiens en soient membres. Nous ne sommes pas des individus isolés: nous faisons patie du grand corps de l'humanité. À cause de cela, il nous incombe de partager nos gains et nos pertes, nos victoires comme nos défaites. Nous devons embrasser tous les chrétiens comme frères et soeurs, selon « la loi de l'évangile divinement inspiré ». Nous ne pouvons pas être indifférents à nos voisins qui sont sur le mauvais sentier. Non seulement la charité, mais encore le devoir nous commande de leur montrer le droit chemin. Pas de façon importune ou en faisant des reproches, mais en persuadant avec gentillesse.

Il n'y a qu'une église qui enseigne tout ce que le Christ a commandé: c'est l'Église catholique et apostolique. Et à cette église, Il a demandé de convertir l'humanité: « va par les chemins et le long des haies, et ceux que tu trouveras, fais-les entrer afin que ma maison soit remplie" (Lc 14, 23). Il parle ici du pouvoir contraignant de l'amour, qui n'arrête pas de ramener à la maison, dans le vrai bercail, la brebis perdue dans le désert de l'incroyance, du doute, de l'hérésie et du schisme. Le bon berger "va sur les montagnes et cherche la brebis égarée" (Mt 18, 12). Il ne reste pas les bras croisés, à attendre froidement son retour, ou à craindre de heurter sa sensibilité s'il allait la chercher. Sachant qu'elle n'est pas sur la bonne voie, il croit de son devoir de ramener la pauvre vagabonde. Jésus Christ, notre vrai berger, a prêché en dépit des résistances, de la persécution et du mépris jusqu'à être cloué au bois de la croix.

Si les papes, les évêques et les prêtres, ensemble avec leurs troupeaux, abandonnent l'ancienne foi catholique, on va voir l'erreur se répandre sur la terre comme au temps de saint Jérôme, quand on se demandait si on avait pas sombré dans l'hérésie arienne.[58] Le grand pasteur des âmes, notre infaillible et tout-puissant archi-patriarche, Jésus Christ, va protéger son église et la prémunir contre les dangers qui la menacent à l'intérieur comme à l'extérieur. L'arianisme, qui a déjà été un des pouvoirs dominants de ce monde, est disparu! Le nestorianisme,[59] qui s'étendait anciennement jusqu'à la Perse, à l'Inde et à la Chine, est disparu! Le monophysisme,[60] qui a déjà montré vitalité et zèle, est disparu! Le romanisme, qui a déjà tenu l'Ouest pour sien, est maintenant morcelé en un grand nombre de sectes protestantes.

24

Assurés que les portes de l'enfer ne prévaudront pas contre l'Église (Mt 16, 18), nous devons affronter l'ennemi et travailler à restaurer le vrai catholicisme. Ceci, dans le respect de la liberté chrétienne et des églises nationales, car nous ne devons forcer l'assentiment de personne. Nous laissons l'être humain suivre sa conscience: ceci plaît à Celui qui nous a donné l'intelligence. Nous voulons être libres de célébrer Dieu et nous demandons la même chose pour nos concitoyens. En d'autres mots, la liberté parfaite pour tous: le croyant, le catholique, l'agnostique, le Juif, le Turc, l'Indien et le bouddhiste.

Nous sommes persuadé qu'à un certain moment, la VÉRITÉ sera présentée à l'intellect, en cette vie ou dans l'autre. Chaque âme rationnelle "recevra la vérité qui rend libre" (Jn 8, 32).

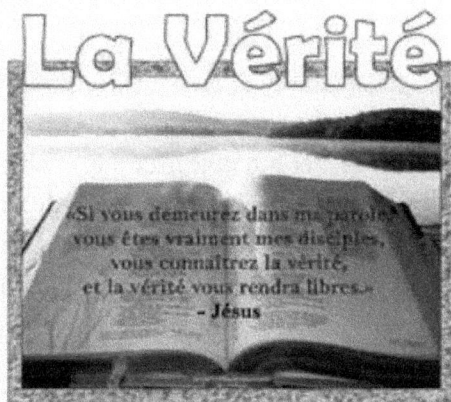

La Vérité

«Si vous demeurez dans ma parole, vous êtes vraiment mes disciples, vous connaîtrez la vérité, et la vérité vous rendra libres.»
- Jésus

LE SAINT ESPRIT QUI PROCÈDE DU PÈRE

Instruction de décembre 1895

Le Saint-Esprit, issu du Père *et du Fils* (Filioque en latin), est de même substance, majesté, et gloire que le Père et le Fils, Dieu éternel. J'ai mis en italique les mots «et du Fils» car c'est incontestable que l'addition de ces trois petits mots rendent hétérodoxe et hérétique ce qui serait autrement orthodoxe, de l'avis des églises grecque, arménienne, syrienne, copte et nestorienne.

Toutes les Églises orientales enseignent à l'unanimité que le Saint-Esprit procède du Père seul. Ceux qui reconnaissent « la parfaite orthodoxie» de l'article « et du Fils » sont les romanistes - qui ont inventé la doctrine du *Filioque* et en ont fait un dogme - et la plupart des églises réformées.

Il faut cependant admettre qu'il y a, dans la Communion Anglicane, une minorité dévote et instruite qui réfute la doctrine voulant que le Saint-Esprit procède du Fils et qui comprend les paroles «issu du Père et du Fils», comme référant à la mission temporelle de l'esprit du Père et du Fils. Cette faction anglicane orthodoxe souscrirait sans doute à cette déclaration de foi en la Trinité: «Le Père n'est pas créé ni engendré. Le Fils est du Père seul, non créé, mais engendré. Le Saint-Esprit est du Père seul, non créé, ni engendré, mais procédant de Lui. » (Jn 15,26)

Assurément, si le *Filioque* était une vérité aussi importante que la consubstantialité du Fils au Concile de Nicée, on devrait l'accepter comme donnée du dépôt initial de la foi que tout catholique doit recevoir. Mais la preuve qu'il ne fait pas partie du dépôt originel, c'est qu'il n'est pas révélé dans l'Ecriture; n'a pas été formulé en symbole de foi par aucun des sept conciles œcuméniques et n'est pas accepté par les églises orientales.

La position des Orientaux est que le *Filioque* n'a pas seulement été ajouté au Credo de façon irrégulière, mais encore qu'il est faux, et contredit l'unique origine et donc l'unité de la Divinité. Il est admis par les Latins et les Orientaux que dans la Trinité, le Père, le Fils et le Saint-Esprit sont un en essence, mais distincts en tant que personnes. Par conséquent, leurs attributs sont de deux sortes: ceux essentiels, communs à tous, et ceux personnels distincts, appartenant de façon exclusive à chacun d'eux séparément. Si nous disons que la procession (*procedit*), considérée comme l'acte par lequel le Saint-Esprit est produit est un attribut essentiel de la Divinité, commun à chacune des personnes, il s'ensuit que le Saint-Esprit procède, non seulement du Père et du Fils, mais aussi de lui-même, ce qui est absurde.

Quant à la prétention des *filioquistes* que c'est diminuer la dignité et l'égalité de la troisième personne de la Trinité que de la faire procéder du Père seulement, nous disons qu'elle est sans fondement. Est-ce abaisser la dignité de Dieu le Fils, que d'enseigner qu'il est engendré par le Père seul? Est-ce plus raisonnable que le Saint-Esprit procède du Père et du Fils, ou que le Fils soit engendré de toute éternité du Père et du Saint-Esprit? Non, selon témoignage constant de l'Église! L'argument papiste est de dire que le Fils n'est qu'une cause ou une source secondaire à la Trinité. Mais comme le remarque Guetté,[61] une telle expression n'est pas justifiée par la Tradition: c'est une innovation. En outre, cela suppose qu'il y a quelque chose de secondaire en Dieu. C'est contraire à la saine doctrine catholique, et même à la raison car il ne peut y avoir en Dieu que ce qui est nécessaire.

Tableau de la sainte Trinité qu'on voyait dans l'église
Saint-Louis à Green Bay WI.

En conclusion, ne serait-il pas souhaitable, pour ceux qui «prient pour l'unité visible de la chrétienté», de rectifier les chemins qui y mènent? Par exemple, selon la règle du *quod semper* ...,[62] ne serait-il pas plus pratique, au lieu de défendre le *Filioque*, de préconiser qu'on ait tous le baptême, la confirmation et la communion des enfants, la doctrine de la transsubstentiation des éléments dans l'Eucharistie, l'onction des malades, la confession avant de communier, les prières pour les morts? Le nombre sept des sacrements n'est pas indiqué dans la Bible ni dans les credo, mais il est unanimement enseigné par toutes les églises apostoliques orientales.

Ainsi les doctrines et les pratiques ci-dessus mentionnées sont vraies parce que les Eglises orthodoxes, depuis le début jusqu'à maintenant, les ont tenues et enseignées, sans référence à ce que l'Église romaine moderne croit ou enseigne.

6
PENSER À CEUX QUI SOUFFRENT POUR LEUR FOI ET PERSÉVÉRER DANS LA DÉFENSE DE LA VÉRITÉ

Lettre pastorale pour le nouvel an, 31 décembre 1897

Que la grâce et la paix vous soient données de la part de Dieu notre Père et du Seigneur Jésus Christ (Éph 1, 2).

Comme nous entamerons une nouvelle année dans quelques heures, il me semble bon de vous recommander nos coreligionaires de Turquie, dont notre saint patriarche d'Antioche est en deuil.

Puisse la générosité et la noblesse de vos cœurs vous faire vous tenir devant le Trône de Dieu et offrir des prières, des aumônes et des sacrifices pour ceux qui ont versé leur sang au nom du Christ et pour ceux qui les pleurent.

Nous souhaitons que vous ayez, dans la nouvelle année, le même courage, la même dévotion et la même persévérance pour la vérité qu'avaient ces chrétiens turcs décédés.

Puissiez-vous tous tenir fermes contre les attaques de vos ennemis spirituels, remerciant Dieu que votre religion ne soit pas une création humaine, et vous rappelant que par la souffrance endurée patiemment, nous Lui rendons gloire. Que vos bonnes oeuvres soient comme une «lumière non cachée qui luise» (Mt 5, 15) sur ceux qui tâtonnent dans l'obscurité, en dehors de la foi une, sainte, catholique, apostolique et orthodoxe.

Et maintenant, implorant la miséricorde de Dieu sur vous et vous souhaitant tout le bonheur spirituel et temporel, je demeure votre père affectueux en Dieu.

Église paroissiale de Green Bay, Wisconsin.
C'est de cette paroisse que fut émise la lettre pastorale
pour le nouvel an 1898.

7

ON DOIT ASSISTER À LA MESSE

Mandement d'octobre 1904

Parce que c'est notre Seigneur Jésus Christ qui l'a instituée et léguée à son Église. (Mt 26,26, Mc 14,22, Lc 22, 19)

Parce qu'elle est *l'offrande pure* prédite par Malachie comme marque distinctive de l'Église chrétienne. (Mal 1,10-11)

Parce que l'absence de service liturgique continu est mentionné dans les Saintes Écritures comme la plus grande calamité qui puisse nous arriver. (Daniel 8,11-13)

Parce que les chrétiens, étant un *sacerdoce saint* (1 Pi 2,5), sont tenus de faire des offrandes à Dieu, et nous ne pouvons rien lui offrir de plus digne que "son Fils bien-aimé, en qui Il se complaît " (Mt 3,17), et qui est présent dans la Sainte Eucharistie.

Parce que les Apôtres et les premiers chrétiens ont « persévéré dans la fraction du pain et les prières » (Ac 2,42). Ces prières (de la liturgie) existent toujours et sont contenues dans le livre de prières ou missel.

Parce que la Messe est la plus ancienne forme de prière établie, à quelques exceptions près, par les Apôtres eux-mêmes.

Parce qu'on apprend, par les écrits de l'âge apostolique,[63] que la Sainte Eucharistie a toujours été le centre de la vie sacramentelle de l'Église et l'expression la plus haute du culte rendu à Dieu.

Parce que les mérites du Sacrifice de Jésus Christ sur la Croix sont appliqués à ceux qui assistent dignement à la messe.

Parce qu'on doit faire une offrande à Dieu pour notre péché, et rien n'est assez saint pour nous Le rendre favorable si ce n'est son Fils

Jésus Christ, la «propitiation pour nos péchés»[64] (1 Jn 2,2), qui est présent dans la Sainte Eucharistie et offert au Père.

Parce que nous devons à Dieu une offrande de grâces pour sa grande miséricorde envers nous, et nous ne pouvons le faire dignement qu'en lui offrant Jésus Christ, "l'Agneau sans tache." (Ex 12,5)

Parce que, comme créatures de Dieu, nous lui devons un culte continu en reconnaissance de sa majesté et de tout ce qu'Il fait pour nous; et il n'y a pas meilleure façon de le faire que de lui offrir le Fils, co-égal à son Père, «Tout-Puissant» (Isaie 9,6) «sans qui rien n'a été fait» (Jn 1,3) et qui est «le commencement de la création» (Ap 3, 14) et «le premier-né de toute créature» (Col 1,15).

Sortie de la messe, Église du Précieux-Sang, Gardner WI,
fondée par Mgr Vilatte en 1885.

NOTRE FOI ET NOS PRINCIPES ECCLESIASTIQUES

Lettre pastorale du 1er janvier 1910, conjointe avec les évêques
Stefan Kaminski et Paolo Miraglia-Gullotti

Au nom du Père, du Fils et du Saint-Esprit, l'éternelle,
consubstantielle et indivisible Trinité.

Nous, par la grâce de Dieu et les suffrages de nos fidèles, évêques
validement consacrés dans la succession apostolique du Patriarcat de
l'Orient, fondé à Antioche par l'apôtre Pierre lui-même, unis dans
l'American Catholic Church et canoniquement réunis dans la
cathédrale de Buffalo, en la fête de la circoncision du Christ de l'an
1910, déclarons professer et enseigner la foi catholique orthodoxe
établie par les sept conciles de l'Église indivisée.

De plus, dans l'exercice de notre mission et de notre autorité
apostoliques, pour le renforcement de nos fidèles et le
perfectionnement de notre ministère, nous déclarons utiliser le rite
latin. À partir des rituels occidentaux, on peut enseigner fidèlement la
doctrine originelle de l'Église du Christ et la ramener à son état exalté
antérieur en en faisant une utilisation minutieuse.

En outre, nous exhortons ceux qui croient au Christ Sauveur, Fils
incarné de Dieu, à défendre la liberté spirituelle, qui est le fruit de la
justice; à devenir de plus en plus un dans la foi, l'espérance et l'amour,
priant Dieu compatissant d'avoir pitié des non-croyants, des
matérialistes et des rationalistes, de plus en plus nombreux dans les
circonstances cruelles de notre temps; d'éclairer leurs esprits inquiets,
afin que l'Esprit-Saint les convertisse et les ramène dans la
communion de l'Église du Christ.

Enfin, travaillons tous ensemble à l'unité chrétienne, priant avec ferveur le Dieu trinitaire de hâter le jour du triomphe de la sainte Église catholique et apostolique, quand tous les disciples du Fils incarné de Dieu seront de nouveau réunis en un seul troupeau, sous l'unique berger: Jésus Christ ressuscité et monté au ciel.

Que Dieu le Père, le Fils et et le Saint-Esprit, par la proclamation incessante du saint Evangile, nous assiste dans notre ministère dans l'Église militante, au service de sa gloire. Amen.

Mgr Kaminski, Mgr Vilatte, Mgr Miraglia

LA FOI A ÉTÉ RÉVÉLÉE UNE FOIS POUR TOUTES
Instruction donnée en 1911

Nous maintenons que le seul lien historique et consistant d'unité est la foi donnée une fois pour toutes aux saints (Jude 3) et tenue par l'Église unie du Christ, dans l'Est et dans l'Ouest, telle que définie par les sept conciles généraux.

Les catholiques attachés à l'orthodoxie s'unissent dans la foi, l'espérance et la charité, à toutes les églises qui ont le ministère apostolique et acceptent l'enseignement de l'écriture à la lumière des pères, des docteurs et des confesseurs de l'Église indivisée.

Cependant, le ministère valide ne suffit pas à l'unité catholique. Les chrétiens doivent aussi accepter le Symbole des Apôtres et le Credo de Nicée-Constantinople, sans addition[65] ni soustraction. Nous acceptons aussi les décrets dogmatiques des sept conciles généraux comme base fondamentale de notre unité, et les définitions des Conciles de Bethléem et de Trente sur les sept sacrements comme des énoncés clairs de la doctrine tenue par l'Église catholique.

Nous rejetons et dénions la suprématie ou l'infaillibilité d'un patriarche ou d'un primat demandant d'exercer la juridiction sur l'ensemble de l'Église catholique et apostolique du Christ.

Nous considérons la vie monastique comme une vie dévote, faite de sacrifices et d'amour envers Dieu et le prochain. Nous n'adorons pas les images de la sainte Vierge et des saints: nous les vénérons car elles représentent des personnes sacrées. Nous croyons que Jésus Christ est le seul médiateur entre Dieu et les humains (1 Tim 2, 5) tout en maintenant la pratique, bonne et utile, d'invoquer nos frères et sœurs, qui sont entrés dans la gloire, pour qu'ils nous assistent de leurs prières. Enfin, nous ne permettons pas de dissidence en matière doctrinale car personne n'a le droit d'ajouter ou d'enlever quoi que ce soit à la foi de l'Église catholique.

Le jour approche où nous rencontrerons le Seigneur et l'Esprit de Dieu nous porte à prier: Maranatha! Viens Seigneur Jésus! (Ap 22, 20) Viens Roi des rois, pour la prospérité de l'Église et son unité!

II
SERMONS ET ALLOCUTIONS

1

CONTRE LE MAL, LA DROITURE
Allocution aux chevaliers et commandeurs
de l'Ordre de la Couronne d'épines
le 11 août 1893

Notre Seigneur Jésus Christ nous enseigne à aimer Dieu et le prochain
de tout notre coeur, et de croire ce qu'Il nous propose dans sa sainte
Parole proclamée et commentée par l'Église. D'autre part, le Malin
sait que notre sûreté et notre salut viennent de la foi en Celui qui fut
couronné d'épines et crucifié. C'est pourquoi il ne ménage aucun
effort pour nous éloigner de cette croyance.

Notre vocation de missionnaires philanthropiques est de bonne
renommée et notre obligation spéciale de chevaliers du Temple Saint
et de la Couronne d'épines nous force à rester fermement ensemble,
unis de coeur et de but dans l'obéissance au Suprême Grand Maître et
Chef, pour être sous sa bannière une armée marchant à la victoire sous
l'invincible *Signe*. Ainsi unis sous l'*Oeil Qui Voit Tout*, avec l'armure
de l'amour fraternel, de bonnes oeuvres et de hauts faits
chevaleresques, nous combattrons vaillamment contre l'injustice, les
actions mauvaises et l'impiété. Nous voyons, dans les institutions
bénies de l'Ordre de la couronne d'épines, un pouvoir contre le mal et
l'établissement de la droiture.

Chérissons notre bel ordre, et bien que la marche soit pénible et qu'il y ait beaucoup d'obstacles à surmonter, mettons-y notre coeur pour enrôler plusieurs dignes frères et soeurs, afin qu'ils courent avec nous vers une récompense assurée. Les bonnes oeuvres et actions des chevaliers et dames font descendre sur l'ordre la bénédiction du *Grand Architecte de l'univers* et la gratitude des humains

2

DIEU EST AVEC VOUS

Sermon à l'église polonaise de Detroit MI, 24 décembre 1893

Chers fidèles polonais, vous ne m'êtes pas étrangers. Je connais votre zèle religieux, votre fermeté, les vertus chrétiennes que vous manifestez au service de Dieu et votre attachement à votre pasteur.

Aujourd'hui, c'est la première fois que nous nous voyons face à face. Il est donc juste que je vous dise qui je suis.

Je suis un évêque, un Français de naissance, naturalisé Américain et, du fond du cœur, un ami des opprimés et un ennemi juré de toutes formes d'oppression. Et c'est exactement pourquoi je suis votre ami et vous veux du bien.

Le 29 mai 1892, j'ai été consacré pour l'Amérique, au Ceylan, par l'archevêque portugais Alvares, dans sa cathédrale de Colombo, avec deux évêques syriens comme co-consécrateurs: Mar Gregorius de Niranam et Mar Athanasius de Kottayam. Des milliers de chrétiens sont venus à la cérémonie, et parmi eux il y avait le Consul des États-Unis.[66] Il a certifié le document de consécration de sa signature et y a apposé le sceau officiel de notre glorieuse république.

Je loue Dieu, mes chers amis, pour les paroles significatives et mémorables par lesquelles j'ai été consacré, et qui m'ont donné l'autorité de venir inaugurer votre splendide église et de vous guider sur le chemin de notre patrie céleste. Je loue Dieu que les paroles «Recevez l'Esprit Saint» aient été prononcées sur moi par un archevêque latin et deux évêques syriens. Nous avons toutes les raisons de nous réjouir de cette succession épiscopale syrienne, qui nous relie directement au siège de saint Pierre, premier évêque d'Antioche.

Ces deux pieux évêques, sur l'ordre exprès du successeur actuel de l'apôtre Pierre, patriarche d'Antioche, ont pris part à ma consécration épiscopale et m'ont imposé les mains. Ces deux évêques utilisent encore le langage que le Seigneur de l'Église, notre aimable Sauveur, employait pour parler à ses disciples et que la sainte Vierge et saint Joseph ont utilisé sur cette terre.

Je déclare valides et bons tous les sacrements conférés par votre curé, le Père Kolasinski. Il a, avec l'aide de Dieu, réuni cette grande paroisse. Dieu est avec l'église polonaise du Père Kolasinski.

Vue intérieur de l'église de Detroit, consacrée par Mgr Vilatte

3

QUE SIGNIFIENT CES PIERRES?

Sermon à l'église polonaise de Cleveland, Ohio

le 19 août 1894

Nous sommes ici aujourd'hui, par permission divine, pour consacrer cette église. Mais les gens de Cleveland ont le droit de nous demander, selon les paroles de l'Écriture: *Que signifient ces pierres?* (Josué 4, 6). La réponse, nous la donnons aisément: cette église est pour le culte de Dieu et la promulgation de la religion catholique. Nous ne sommes rien de moins que des catholiques et nous le resterons, laissant ce précieux héritage à nos enfants.

Oui, nous sommes catholiques. Restons toujours ainsi, n'abandonnant jamais un iota de notre dogme, même si nous défendons notre droit de détenir et gérer nous-mêmes nos églises. Ces pierres signifient que c'est une église dans laquelle la véritable religion catholique va être enseignée et le vrai Dieu adoré.

Mes chers Polonais, je suis un évêque catholique américain et vous êtes des fidèles catholiques américains. Cette terre de liberté, nous l'aimons et la défendrons, même au prix de nos vies. Que ces pierres signifient cela aussi pour les gens de Cleveland.

Soyons toujours fidèles à la religion catholique pure, sans additions ni soustractions à son dogme, comme ceux qui ont exposé sa foi dans le passé. Soyons aussi patriotiques et fidèles à notre cher pays, sans oublier les intérêts et les besoins de votre bien-aimée Pologne.

4
L'ÉGLISE VOUS OFFRE LE CHRISTIANISME ORIGINEL AVEC LA LIBERTÉ CHÈRE AUX AMÉRICAINS

Allocation lors du synode de fondation de l'American Catholic Church, Cleveland, le 20 août 1894

Nous sommes réunis pour nous exclamer: «Magna est Veritas et praevalebit / Grande est la Vérité et elle prévaudra!» (Esd 4, 41) et proclamer dans tout le pays: «Méfiez-vous du despotisme si vous aimez la liberté!»

L'Église catholique américaine vous offre le christianisme originel, avec ce que les Américains chérissent: la liberté. En rejetant les fausses doctrines, nous nous sommes mis en harmonie doctrinale avec l'Orient, et en unité d'esprit avec les sièges œcuméniques de Jérusalem (la mère de toutes les églises), d'Antioche, de Constantinople, d'Alexandrie, et avec les «vieux-catholiques» de Hollande, d'Allemagne, de France, de Suisse et du Ceylan. Nous reconnaissons les Conciles oecuméniques comme la fontaine de notre foi commune. Gardez intact ce dépôt sacré.

L'Église catholique américaine sera composée des différentes nationalités du vieux continent, unies à la grande nation américaine et dirigées par des pasteurs qui, étant catholiques de foi et pleinement américains d'esprit, sont capables de comprendre et de respecter les particularités nationales de leurs troupeaux respectifs.

La nouvelle Église favorisera l'éducation publique des enfants de ses paroisses et permettra qu'on discute librement de tous les sujets relatifs à la religion.

5

TENIR, FACE À L'OPPOSITION :
DIEU EST PLUS FORT QUE LES HUMAINES

Extraits d'allocutions faites en France

A

Lors de la première messe de la paroisse des
Saints-Apôtres, rue Legendre à Paris, le 3 février 1907

J'œuvre depuis plusieurs années comme missionnaire; j'ai voyagé à travers l'Amérique et en Inde, et personne ne m'a empéché de parler. Nous ne nous laisserons pas influencer: Dieu est plus fort que les humains.

La paroisse a le droit d'exister. Elle est légalement constituée en vertu de la Loi des cultuelles de 1905. Le rite romain est une fraction, non la totalité, du catholicisme universel.

Mais même à ceux qui m'interrompent et m'indisposent, je dis que je ne vais pas les excommunier. Je ne vous souhaite aucun mal. Dieu soit avec vous.

B

Lors de confirmations à Contréglise (Haute Saône) le 23 mai 1907

Chers paroissiens, restez unis face à l'opposition[67] et appuyez votre curé.

La France et l'Europe entière ont les yeux tournés vers Contréglise.

6

ON A PAS BESOIN D'ÊTRE PROPHÈTE...

Extrait du sermon prononcé lors de la consécration de
Mgr Frederic Lloyd comme évêque de l'Illinois le 19 décembre 1915

On a pas besoin d'être prophète pour vous prédire un grand avenir
dans la Province de Dieu, ainsi qu'à l'American Catholic Church.

La nécessité d'une Église à la fois américaine et catholique, affranchie
de la paparchie et des puissances étrangères, est ressentie depuis
plusieurs années par les chrétiens de toutes les dénominations. Que
votre zèle et votre ministère apostoliques soient couronnés de succès.

Mgr Vilatte et Mgr Lloyd, avec les prêtres Kanski et Peshkof

7

CETTE ÉGLISE EST BÂTIE SUR DU ROC SOLIDE:
JESUS CHRIST QUI NE DÉCOIT PAS

Sermon lors de la pose de la première pierre
d'une nouvelle église polonaise à Central Falls, R.I.,
le 18 mai 1919.

Je vous félicite pour votre merveilleux accomplissement et j'espère
que vous serez tous fidèles à l'Eglise.

Cette église est bâtie sur du roc solide, Jésus Christ, l'espérance
qui ne déçoit pas (1Tim 1,1; Rom 5,5). Mettez votre confiance en
Lui et soyez d'honnêtes et bons chrétiens catholiques.

Ne faites pas la guerre.[68] Nous l'avons eue et elle est finie. Allez
prêcher la doctrine de la paix, la Parole de Dieu.

Je vous exhorte à envoyer vos enfants à l'école publique et à veiller
à ce qu'ils apprennent à lire, à écrire et à parler l'anglais. Apprenez-
leur à connaître ce grand et glorieux pays d'Amérique pour qu'ils
en deviennent de dignes citoyens.

Et que la bénédiction de Dieu Tout-Puissant: le Père, le Fils et le
Saint-Esprit, soit avec vous et demeure en vous. Amen.

III
DÉCLARATIONS ET CIRCULAIRES

1

L'ÉTABLISSSEMENT DE PAROISSES ET MISSIONS

A

Walhain, Wisconsin, le 14 mai 1891[69]

Il y a trois ans, plusieurs familles de Walhain sont venues me demander de leur ouvrir une mission vieille-catholique. Au cours de ces trois années, le désir a été de plus en plus fort et il a été convenu que l'Ascension de 1891 allait être solennellement observée, et que par la suite la mission serait desservie par un prêtre chaque dimanche. Les familles ont fourni une salle appropriée pour un usage temporaire. Un terrain a été éventuellement donné par une famille[70] comme site pour l'église (dédiée à Saint-Joseph), le presbytère et le cimetière... Il est magnifiquement situé, sur un promontoire qui surplombe les alentours de plusieurs milles dans chaque direction... Personne n'a pu échapper à l'enthousiasme général.

Au coin du State Highway 54 et du chemin Walhain

B
Green Bay, Wisconsin, le 25 août 1892

Au journaliste qui me demande pourquoi on vient faire des célébrations à Green Bay, je réponds: Il y a 17 ans, les catholiques romains avaient dans cette ville une église qui n'est pas utilisée, et comme on reçoit des demandes de gens qui veulent des services religieux, mon devoir est clair et j'ai décidé d'en offrir à ceux qui acceptent notre doctrine.

Qu'on me comprenne bien: je ne suis pas en opposition à quelque dénomination religieuse que ce soit. Mais comme aucun service religieux n'est offert dans ce quartier, et que les bonnes gens de cette localité m'ont demandé de venir, j'ai donné suite à leur requête. Des services vont être offerts régulièrement, du côté est de la rivière, dans l'édifice que nous utilisons de façon temporaire. En temps et lieu, une belle église sera construite.

C
Danielson, Connecticut, le 17 février 1896

Les Canadiens-français étaient majoritaires dans la paroisse Saint James[71] et vous avez eu raison de commencer votre revendication en 1894: l'évêque ne devait pas vous refuser d'avoir votre paroisse distincte.

Je suis disposé à vous aider à organiser votre église nationale[72] sous notre égide.[73]

D

Île Saint-Joseph (Ontario), Canada, janvier 1902

Mgr Vilatte a fondé une mission parmi les Canadiens-français et les Indiens Chippewa de l'Ile Saint-Joseph. [74] Il était très actif sur l'île, disant la messe régulièrement dans la chapelle de la mission et parcourant les bois, même jusqu'aux îlots voisins.

« Nous avons célébré Noël en grande pompe, peut-on lire dans <u>The St Joe Herald</u>. J'ai dit la messe de minuit, aidé de trois officiants. [75] J'ai fait le sermon en anglais et en français.

La chapelle était trop petite pour recevoir les nombreux fidèles qui sont venus de toutes les parties de l'île. L'autel et la chapelle étaient inondés de lumière, magnifiquement décorées de fleurs et de verdure. Ce service était le plus beau à avoir eu lieu sur l'île et il ne sera jamais oublié par ceux qui ont assisté L'après-midi nous avons eu des vêpres, suivis de plusieurs baptêmes.

On vient d'acquérir un terrain, où établir un cimetière. C'est touchant de voir l'armée d'ouvriers qui sont venus le défricher et le clôturer. Le cimetière était hélas nécessaire, car nous venons de perdre une sœur très dévouée. Je vais le consacrer au printemps, ainsi que la chapelle mortuaire. »

Chapelle de la Mission de l'Île Saint-Joseph

2

POUQUOI NOUS NE SOMMES PAS ROMAINS

Déclaration faite en décembre 1895

Toute ce que l'Église romaine a de commun avec les autres églises catholiques nous l'acceptons. Mais ce qu'elle a de plus nous le rejetons. C'est-à-dire: ses particularités non-romaines.

Nous ne sommes pas romains parce que nous ne pouvons pas accepter la théorie papale du gouvernement d'église, voulant que toute autorité ecclésiastique doive venir du siège de Rome, et qu'aucun évêque ne peut avoir sa mission autrement.

Dans les Actes des Apôtres, qui racontent comment se sont formées les premières églises chrétiennes, on ne trouve pas la moindre trace de la suprématie de l'évêque de Rome ou de saint Pierre. Les apôtres faisaient naître des églises en prêchant l'Évangile et en administrant les sacrements. Les gens ainsi appelés à la foi étaient incorporés à des églises nationales autonomes. Saint Paul laisse derrière lui des évêques chargés de transmettre l'autorité épiscopale à d'autres. Et cela, en vertu d'un mandat reçu, non pas de saint Pierre, mais du Seigneur Jésus Christ lui-même.

La doctrine de la suprématie et de l'infaillibilité du pape est propre à l'Église romaine. Elle repose sur l'hypothèse que saint Pierre était le seul Vicaire de Jésus Christ et le seul Chef de l'Église. Or, dans le Nouveau Testament, il n'y a pas le moindre indice que saint Pierre soit allé à Rome et y ait été martyrisé. La papauté est donc pratiquement sans fondement. Et interpréter "Babylone", d'où saint Pierre salue en finale de sa première épître (1 Pi 5, 13) comme signifiant "Rome", c'est s'établir sur un terrain très fragile.[76]

Certes, si la théorie de la suprématie papale était vraie, ce serait mentionné dans les Actes des Apôtres et Notre Seigneur nous aurait ainsi donné un fondement certain. La doctrine selon laquelle saint Pierre était le seul chef de l'Église a été systématisée à partir du moment où le jésuite Salmeron[77] l'a présentée.

L'Église romaine dit: «L'évêque de Rome a toujours été considéré comme l'autorité principale dans l'église: son siège était primatial et il a été universellement reconnu comme le premier évêque de la chrétienté.» Mais en réalité, Rome étant la métropole de l'Empire occidental, la suprématie de ses évêques était politique. C'était une question de convenance, du fait d'être l'évêque de la capitale de l'Empire romain. La suprématie ne lui a pas été donnée par Dieu.

Nous ne pouvons pas être romains parce que nous considérons qu'il est erroné de *catholiciser* les grandes églises orientales. Elles sont aussi catholiques que l'Église romaine ou nous-mêmes. Tous ceux qui ont les doctrines et les croyances catholiques, la succession et les ordres apostoliques, ainsi que le même culte divin sont catholiques. L'Église romaine tente de les *dé-catholiciser* parce qu'ils rejettent la suprématie papale et ne reconnaissent pas la juridiction du Siège de Rome.

Enfin, nous ne sommes pas romains parce que nous voulons rester fidèles à la vraie foi énoncée par les Conciles généraux de l'Église indivisée et nous refusons les nouveautés doctrinales inventées par l'évêque de Rome.

3
TRAVAILLER POUR LA GRANDE FIN DE L'UNITÉ

Déclaration faite en juillet 1895

Ce n'est pas seulement par la prière, aussi importante qu'elle soit, que nous sommes appelés à travailler pour la grande fin de l'Unité.

Les différences religieuses mènent facilement à des pensées et des paroles qui manquent de charité. Ceci accentue nos différences et crée le plus grand obstacle à la réunion chrétienne.

Exerçons donc, en plus de nos prières, une stricte vigilance sur nos pensées et nos paroles. Soyons justes et généreux dans nos jugements et nos critiques à l'égard de ceux qui sont séparés de nous, et nous aiderons ainsi, de façon pratique, à éliminer les obstacles à l'accomplissement de la volonté du Seigneur que nous soyons unis (Jn 17,21).

Prions pour la paix du monde, le bien-être des saintes Églises de Dieu et l'union de tous.

« Heureux serez-vous, lorsqu'on vous haïra, lorsqu'on vous chassera, vous outragera, et qu'on rejettera votre nom comme infâme, à cause du Fils de l'homme! Réjouissez-vous en ce jour-là et tressaillez d'allégresse, parce que votre récompense sera grande dans le ciel; car c'est ainsi que leurs pères traitaient les prophètes. » Lc 6, 22-23

4

FAVORISER L'IMMIGRATION AU CANADA
EN TANT QU'ÉVÊQUE COLONISATEUR

Projet présenté à M. James Smart,
sous-ministre de l'Intérieur à Ottawa
le 1er avril 1902

J'aimerais fonder une colonie dans l'Ouest canadien, qu'habiteraient des fermiers de notre tradition religieuse ainsi que d'autres en provenance de l'Europe : des Suisses, des Français et des Belges.

J'ai besoin d'aide pour localiser un terrain, obtenir du soutien, de la protection et des brochures sur les terres agricoles canadiennes. J'ai également besoin de voyager gratuitement par train et qu'on me donne l'autorité et la possibilité de parler des sols fertiles et des avantages du Canada aux fermiers européens.

Il me faut prendre possession du terrain et bâtir assez rapidement ma résidence au milieu de la colonie pour être le pionnier, le cœur et l'âme de l'endroit, et accueillir les nouveaux colons. [78]

L'ORDRE DE LA COURONNE D'ÉPINES: APOSTOLIQUE ET PHILANTHROPIQUE[79]

Circulaire de 1904

Les buts de l'ordre sont :

- de défendre la divinité du Christ; de l'adorer et d'honorer les souffrances de sa passion, particulièrement celles causées par la Couronne d'épines;

- de récompenser les personnes qui se sont distinguées au service du Christ, de l'humanité, de l'ordre et de ses œuvres apostoliques et philanthropiques, ainsi que celles qui aident les pauvres, les veuves et les enfants orphelins, et

- d'encourager la vertu, la sobriété, les arts, l'industrie et le patriotisme, sans distinction de croyances.

Les dames sont également admises dans l'ordre, avec le titre de « dame d'honneur et de dévotion de la Couronne d'épines ».

Le bijou de l'ordre est une croix de Jérusalem en émail blanc, surmonté d'une Couronne d'épines en or. Il y a au centre de la croix un écu avec le monogramme *Chi Rho*. Le bijou s'accompagne du titre honorifique de *Doctor Christianissimus*.

Saint Louis tenant la Couronne d'épines
Tableau de Le Sueur, 17ᵉ siècle

6

ROME S'ARROGE UN POUVOIR DE DISCIPLINE SUR LES AUTRES ÉGLISES QUE JE NE PUIS ADMETTRE NI RECONNAÎTRE

Déclaration du 15 mars 1907, commentant son excommunication par les autorités romaines, pour avoir contribué à la formation de l'Église catholique française dite gallicane.

Cet acte d'exclusion ne m'atteint pas car, ni comme prêtre, ni comme évêque, je n'ai fait partie de la Communion romaine. L'Église de Rome s'arroge un pouvoir universel de discipline sur les autres églises, même celles qui sont séparées d'elle. Je ne puis admettre ni reconnaître ce pouvoir. Je sais que le Christ est mort pour sauver tous ceux qui croient en Lui, pas seulement ceux qui croient au pape, évêque de Rome.

Ma conscience et ma volonté ne sont pas troublées par des anathèmes lancés par une puissance humaine dont de nombreuses églises, formant la majorité de la catholicité chrétienne, refusent d'admettre la domination exclusive.

Je prie le Christ, Chef unique de la grande Église, de pardonner à ceux qui abusent de son nom; de les détacher de l'esprit de secte; et de les rattacher enfin à la communion universelle.

7

CONFIRMATION DE MGR JULIEN HOUSSAYE
COMME MÉTROPOLITAIN DE FRANCE

le 7 mai 1907

Par la présente, nous renouvelons
et confirmons notre frère
Julien Houssaye,
consacré par Mgr Paul Miraglia
le 4 décembre 1904,
à Thiengen (Allemagne),
en sa dignité
d'archevêque métropolitain de France.

En conséquence, les évêques consacrés par nous,
ainsi que les prêtres, devront être en union avec lui
comme lui-même est en union de foi avec nous.

64

Mgr Houssaye et Mgr Miraglia

8

PRENDRE SOIN DES PERSONNES DANS LE BESOIN ET OFFRIR UNE VIE SAINE ET AUTONOME, LOIN DES GRANDES VILLES

Extrait de la circulaire *Vilatteville, Chihuahua, Mexique: une communauté agricole sous l'égide de la Société du Précieux-Sang* 18 juillet 1910

Venez à moi vous qui êtes fatigués et chargés, et je vous soulagerai (Mt 11,28). Ces paroles de Jésus sont notre leitmotiv. Si Dieu veut bénir notre labeur à labourer le sol de Vilatteville, les revenus de nos récoltes nous permettront de prendre soin des orphelins et des infirmes, des personnes abandonnées et des vieillards qui n'ont pas d'endroit où passer leurs dernières années.

Mais notre oeuvre n'arrêtera pas là. La terre de Vilatteville doit être le partage des gens de bonne volonté et de bonne camaraderie. Soyez votre propre maître; ayez un lopin de terre et une maison à vous, et élevez votre famille sous notre égide, loin de la corruption, de la dégradation et de l'esclavage de la grande ville.

Si vous vous portez acquéreur d'une de nos petites fermes, vous vivrez indépendant et libre comme l'air doux du Golfe. Toute l'année, la terre maternelle de Vilattleville vous fournira les aliments dont vous avez besoin. Elle est trop bonne pour faire la grève et paiera toujours de bons dividendes.

Nous envisageons une terre de santé, de repos et de paix pour ceux qui veulent échapper à la servitude et à la misère si importantes qu'on trouve dans nos villes modernes.

L'amour pour l'humanité tout entière, la charité, la philanthropie et le succès. Voilà ce que nous offrons. Le royaume de Dieu est à portée de main. Frappez à la porte et on vous donnera l'hospitalité pendant que vous choisirez votre terre et commencerez à construire votre maison. Et dans les années à venir, si vous reconnaissez le bien qu'on vous a fait, bénissez notre mémoire pour toujours.

VILATTEVILLE, CANDELARIA STATION, CHIHUAHUA, MEXICO

TO GOD ALONE ALL HONOR AND GLORY

9

NOUS DEVRIONS ÊTRE PRÊTS À AIDER TOUS CEUX QUI VIENNENT À NOUS, OU QU'ON POURRAIT DÉCOUVRIR EN ÉTAT DE DÉTRESSE

Extrait de la circulaire *Maison Sainte-Marie de Nazareth pour orphelins et convalescents*, 1919

Nous nourrissons les affamés, habillons les dévêtus et recevons des orphelins de 5 à 16 ans, sans distinction de croyance ou de nationalité ... Nous nous occupons aussi de ceux qui, après être sortis de l'hôpital, sont encore trop faibles pour reprendre leur travail.

Nous nous préoccupons des Syriens, des Arméniens, des Grecs, des Orientaux et d'autres orphelins étrangers. Nous faisons en sorte que ces enfants soient éduqués dans les écoles publiques et deviennent de bons citoyens américains. Nous considérons devoir faire tout ce qu'il faut pour que ces orphelins deviennent de vrais Américains, loyaux au drapeau et émancipés de tout contrôle étranger ...

Jésus a déclaré: «Qui donne même un verre d'eau froide à l'un de ces petits parce qu'il est mon disciple, recevra certainement sa récompense. (Mt 10, 42). Nous devrions être prêts à aider, au mieux de notre capacité, tous ceux qui viennent à nous, ou que nous pouvons découvrir en état de détresse. Juif ou chrétien, bouddhiste ou musulman, nous sommes tous enfants de notre Père céleste, et le commandement divin est: Aimons-nous les uns les autres, parce que l'amour vient de Dieu. Celui qui aime est enfant de Dieu et connaît Dieu, car Dieu est amour. (1 Jn 4, 7).

Nous sommes convaincu qu'un cœur aimable, une parole sympathique à une personne en détresse plaira davantage à Dieu que les magnifiques rituels des églises où l'amour de l'humanité est absent: «Supposons qu'il y ait des frères ou des sœurs en manque de vêtements et de nourriture. Si vous leur dites: «Dieu vous bénisse! Restez au chaud et mangez bien!» mais ne leur donnez pas les nécessités de la vie, à quoi ça sert? (1 Jc 2, 15-16)

Accomplissons plutôt la loi royale: "tu aimeras ton prochain comme toi-même. (Mt 22, 39) Notre mission est fondée sur ce précepte, à la suite de Celui qui "a fait le bien" et qui disait: "chaque fois que vous l'avez fait pour un de mes plus petits frères, vous l'avez fait pour moi". (Mt 25, 39-40)

Orphan and Convalescent Home
— or —
St. Mary of Nazareth

4427 North Mulligan Avenue
JEFFERSON STATION
CHICAGO, ILLINOIS

Under the Jurisdiction of Most Rev. Archbishop Villatte

The Four Houses Constituting the Home of St. Mary of Nazareth

69

10
DÉCRETS RELATIFS À DES CONSÉCRATIONS ÉPISCOPALES

1921

Nous donnons à Mgr Carl A. Nybladh de la constituante
suédoise américaine, le mandat de nous aider dans l'imposition
des mains et la consécration épiscopale du
Révérend George Alexander McGuire,
évêque élu de l'Église orthodoxe africaine,
qui aura lieu mercredi le 28 septembre 1921,
en l'église Notre-Dame, 4429 avenue North Mulligan,
Chicago (Norwood Park), comté de Cook, Illinois.

1923

Nous autorisons par la présente la consécration du
Révérend W.E. Robertson,
un prêtre ordonné par nous en 1921.

Nous nous tenons devant Dieu de majesté et levant vers Lui nos
mains, Le prions de faire descendre le Saint-Esprit sur ce vénérable
prêtre comme Il l'a fait pour les Apôtres, les autorisant à lier et à
délier, tel que c'est écrit dans l'évangile de saint Matthieu (Mt 16,
19). Aussi, en vertu de notre autorité reçue de Dieu, nous autorisons
Sa grâce, Mgr George Alexander McGuire, à le consacrer
dans la dignité épiscopale.

Donné le 10 octobre 1923, en notre chapelle
Notre-Dame-de-France.

Mgr Robertson (1er), Mgr McGuire (2) et d'autres évêques
de l'African Orthodox Church

Mgr Vigué (1er) et le primat gallican L.F. Giraud (2e),
ordonné prêtre par Mgr Vilatte et consacré évêque par Mgr Houssaye

11
TOUCHÉ PAR LE TITRE DE PATRIARCHE

À l'épiscopat gallican, a/s de Mgr Pierre G. Vigué, le 22 janvier 1925

Le titre de « patriarche » que vous m'accordez m'a été très sensible, quoique ne me jugeant pas digne de cet honneur.

Je connais assez la générosité de vos cœurs pour lui rendre un hommage, même public, et je suis certain de votre reconnaissance pour ce que j'ai fait autrefois pour l'Église Gallicane.

Je retourne vos bons souhaits et demande à Dieu, en ce temps d'athéisme, qu'il bénisse vos efforts pour le plus grand bien des âmes qui sont à la recherche de la vérité.

À ceux qui ont signé la lettre qu'on m'a adressée, recevez l'assurance de mes humbles prières et de mon dévouement en notre Seigneur et Sauveur Jésus Christ.

PASSAGES BIBLIQUES CITÉS

Actes des Apôtres (Ac) 2, 42	Ils persévéraient dans l'enseignement des apôtres, dans la communion fraternelle, la fraction du pain et les prières.
Apocalypse (Ap) 3, 14	Il est l'amen, le témoin fidèle et véritable, le commencement de la création de Dieu.
Ap 22, 20	*Maranatha!* Viens Seigneur Jésus!
Colossiens (Col) 1, 15	Il est l'image du Dieu invisible, le premier-né de toute la création.
1 Corinthiens (Co) 1, 27-29	Dieu a choisi les choses folles du monde pour confondre les sages; Dieu a choisi les choses faibles du monde pour confondre les fortes.
Daniel (Dn) 8, 11-13	Une corne du bouc s`éleva jusqu`au chef de l`armée, lui enleva le sacrifice perpétuel, et renversa le lieu de son sanctuaire. L`armée fut livrée avec le sacrifice perpétuel, à cause du péché; la corne jeta la vérité par terre, et réussit dans ses entreprises. J`entendis parler un saint; et un autre saint dit à celui qui parlait: Pendant combien de temps s`accomplira la vision sur le sacrifice perpétuel et sur le péché dévastateur? Jusques à quand le sanctuaire et l`armée seront-ils foulés? Et il me dit: Deux mille trois cents soirs et matins; puis le sanctuaire sera purifié.
Éphésiens (Éph) 1, 2	Que la grâce et la paix vous soient données de la part de Dieu notre Père et du Seigneur Jésus Christ.
1 Esdras (Esd) 4, 41 [80]	Grande est la vérité et elle prévaudra. Souvent en latin: *Magna est veritas et praevalebit.*

Exode (Ex) 12, 5	Ce sera un agneau sans défaut, un mâle, âgé d'un an.
Isaie (Is) 9, 6	Un enfant nous est né, un fils nous est donné, Et la domination reposera sur son épaule. On l'appellera Admirable, Conseiller, Dieu tout- puissant, Père éternel, Prince de la paix.
1 Jacques (Jc) 2, 15-16	Supposez qu'un frère ou une sœur manquent de vêtements et n'aient pas tous les jours assez à manger. Et voilà que l'un de vous leur dit: «Au revoir, mes amis, portez-vous bien, restez au chaud et bon appétit», sans leur donner de quoi pourvoir aux besoins de leur corps, à quoi cela sert-il?
Jean (Jn) 1, 3	Tout a été créé par lui et rien de ce qui a été créé n'a été créé sans lui.
Jn 8, 32	Vous connaîtrez la vérité et elle vous rendra libres.
Jn 15, 26	Je vous enverrai d'auprès du Père, l'Esprit de vérité qui vient du Père.
Jn 17, 21	Je te demande qu'ils soient tous un, comme toi, Père, tu es en moi et comme moi je suis en toi. Qu'ils soient un en nous pour que le monde croie que c'est toi qui m'as envoyé.
1 Jean (Jn) 2, 2	Il est la victime expiatoire pour nos péchés --- et pas seulement pour les nôtres, mais aussi pour ceux du monde entier.

1 Jn 4, 7	Aimons-nous les uns les autres, car l'amour vient de Dieu. Celui qui aime est né de Dieu et il connaît Dieu.
Josué (Jos) 4, 6	Ces pierres resteront comme un signe au milieu de vous.
Jude 3	La vérité a été transmise une fois pour toutes aux saints.
Luc (Lc) 6, 22-23	Heureux serez-vous, lorsqu'on vous haïra, lorsqu'on vous chassera, vous outragera, et qu'on rejettera votre nom comme infâme, à cause du Fils de l'homme! Réjouissez-vous en ce jour-là et tressaillez d'allégresse, parce que votre récompense sera grande dans le ciel.
Lc 14,23	Le maître dit au serviteur: Va dans les chemins et le long des haies, et ceux que tu trouveras, contrains-les d'entrer, afin que ma maison soit remplie.
Lc 22, 19	Jésus prit du pain et, après avoir rendu grâces, il le rompit, et le leur donna, en disant: Ceci est mon corps donné pour vous; faites ceci en mémoire de moi.
Marc (Mc) 14, 22	Jésus prit du pain et, après avoir rendu grâces, il le rompit et le leur donna en disant: Prenez, ceci est mon corps.
Malachie (Ml) 1, 10-11	Et en tout lieu on brûle de l'encens en l'honneur de mon nom. Et l'on présente des offrandes pures car grand est mon nom parmi les nations, dit l'Éternel.

Matthieu (Mt) 3, 17	Une voix fit entendre des cieux ces paroles: Celui-ci est mon Fils bien-aimé, en qui j'ai mis toute mon affection.
Mt 5, 15	On n'allume pas une lampe pour la mettre sous le boisseau, mais on la met sur le chandelier, et elle éclaire tous ceux qui sont dans la maison.
Mt 10, 42	Quiconque donnera seulement un verre d'eau froide à l'un de ces petits parce qu'il est mon disciple, je vous le dis en vérité, il ne perdra point sa récompense.
Mt 11, 28	Venez à moi, vous qui êtes fatigués et chargés, et je vous soulagerai.
Mt 16, 18	Les portes de l'enfer ne prévaudront pas contre mon Église.
Mt 18, 12	Si quelqu'un a cent brebis et que l'une d'elles s'égare, ne laisse-t-il pas les quatre-vingt-dix-neuf autres sur les montagnes pour aller chercher celle qui s'est égarée?
Mt 22, 39	Tu aimeras ton prochain comme toi-même.
Mt 25, 39-40	Quand t'avons-nous vu malade, ou en prison, et sommes-nous allés vers toi? Le roi répondra : toutes les fois que vous avez fait ces choses à l'un de ces plus petits de mes frères, c'est à moi que vous les avez faites.

Mt 26, 26	Jésus prit du pain; et, après avoir rendu grâces, il le rompit, et le donna à ses disciples en disant: Prenez, mangez, ceci est mon corps.
1 Pierre (Pi) 2, 5	Vous-mêmes, comme des pierres vivantes, édifiez-vous pour former un temple spirituel, un saint sacerdoce, afin d'offrir à Dieu des sacrifices qu'il pourra recevoir favorablement par Jésus Christ.
1 Pi 5, 13	L'Eglise des élus qui est à Babylone vous salue.
Romains (Rm) 5, 5	L'espérance ne trompe point, parce que l'amour de Dieu est répandu dans nos coeurs par le Saint-Esprit qu'Il nous a donné.
1 Timothée (Tm) 1, 1	Paul, apôtre de Jésus Christ, par ordre de Dieu notre Sauveur et de Jésus Christ, notre espérance.
1 Tm 2, 5	Il y a un seul Dieu, et aussi un seul médiateur entre Dieu et les humains, Jésus, le Christ notre Seigneur.

CHRONOLOGIE DE L'ÉPISCOPAT
1892-1925

1892:   Mgr Vilatte est consacré à Colombo le 29 mai par Mgr Antonio F.X. Alvares, archevêque latin du Patriarcat syriaque d'Antioche (Eglise catholique indépendante du Ceylan et de l'Île de Goa), assisté des évêques indiens Saint Grégoire de Parumala et Mar Paul Athanasius de Kottayam. Il inaugure son ministère épiscopal en l'église Sainte-Marie de Duval au Wisconsin (WI) le 5 août. Dix-neuf jours plus tard, il célèbre la première messe de la future paroisse de Green Bay (Saint-Louis). Le même mois, il établit une mission anglophone au Massachusetts (West Sutton) et la dote d'un prêtre (E.R. Knowles). Il fonde le périodique The Old Catholic, dont le premier numéro sort en novembre.

1893:   Il devient Grand Maître (G.M.) de l'Ordre de la Couronne d'épines (OCÉ) en succession au G.M. Gaston Fercken. Au mois d'août, il publie les Statuts de l'OCÉ puis, le mois suivant, il fait connaître l'église au Parlement mondial des religions tenu à Chicago (11-18 septembre). En la fête de la Toussaint (1er novembre), il ingaure une nouvelle église à Walhain WI, dédiée à Saint-Joseph. Le même mois, il lance contre les opposants à son épiscopat, l'Encyclique aux évêques prétendant être de la succession apostolique. Des catholiques indépendants polonais de Détroit se placent sous sa juridiction avec leur curé, Dominic Kolasinski. Le 24 décembre, il préside à la consécration de leur nouvelle église paroissiale.

1894:   Il confie à un ancien prêtre romain (F. de Menlenane) le ministère à Duval et à Green Bay et il admet deux religieuses (Marie Ashmun et Anne Schoen) dans la Société du Précieux-Sang (SPS). Les 19 et 20 août, il préside à Cleveland (Ohio) le synode de fondation de l'American Catholic Church. Cette structure unit, sous son épiscopat, l'ordinariat francophone et d'autres églises nationales. Une paroisse polonaise indépendante de l'endroit est reçue sous sa juridiction avec son curé (A. Kolaszewski). Il consacre leur nouvelle église paroissiale et y ordonne un prêtre (S. Kaminski).

1895 :   Il consacre, pour la paroisse de Green Bay, une église dédiée à Saint-Louis-de-France. Un paroisse polonaise indépendante de Chicago (All Saints) est reçue dans l'église avec son curé (A. Kozlowski).

1896:   Le 9 janvier, il publie un missel pour les paroisses de langue anglaise. Au printemps, un ministère est exercé au Québec, par Étienne Côté (Montréal) et Jean-Baptiste Gauthier (Lanaudière et Maskinongé). Une autre paroisse polonaise est établie à Buffalo, N.Y. le 20 mai. Mgr Vilatte y ordonne Anton Pilzak pour une pastorale lituanienne. Le même mois, il rencontre des Canadiens-français du Connecticut (M. Bessette, E. Jetté, C. Leclair) qui veulent organiser une paroisse à Danielson. Valentin Gawrychowski et Casimir Grzybowski sont ordonnés le 14 août à Green Bay pour le ministère polonais. Sont également ordonnés: Edward Donkin, Édouard Bovard, Nicolas Pleimling et George Reader pour le ministère au Wisconsin. Lors d'un synode à Buffalo le 19 septembre, le Rév. Stefan Kaminski est élu évêque pour la constituante polonaise.

1897:   Il achète 100 acres de terrain à Emery WI, où Sœurs Marie et Anne veulent ouvrir un orphelinat. L'élection épiscopale du Rév. Kaminski est confirmée, sur la base des résultats positifs d'une consultation lancée le 11 mai (Rév. E. Donkin en charge). Le Rév. Kozlowski de Chicago n'accepte pas la décision et sera consacré évêque rival par les vieux-

84

catholiques européens à Berne, le 21 novembre. Une paroisse est inaugurée à Buffalo (St. Mary's) le 1er octobre, par le Rév. Donkin.

1898: Au mois de février, est prise la décision de transférer le siège épiscopal au Canada. Les presbytères et des acres de terres à Duval et à Green Bay sont vendus, et les revenus servent à établir la Mission de l'Île Saint Joseph en Ontario (8 juin). Le 21 mars, il consacre Stefan Kaminski à Buffalo. Le 19 avril, il ordonne le Québécois Flavien Minguy pour la cure de Duval WI, puis entreprend, en juin, un voyage au Royaume-Uni, qui le mène à Dorchester, visiter Mgr Frederick Lee de l'Order of Corporate Reunion, et au Pays de Galles, donner assistance épiscopale à l'Abbaye bénédictine autonome de Llanthony. Le 27 juillet, il ordonne prêtre le fondateur, Dom Ignatius de Jésus (J.L. Lyne) et le bénit comme père abbé. Il ordonne également Dom Itud Mary de l'Épiphanie (A.C. Cobb) et bénit Mère Tudfil (Jessie Dew) comme prieure.

1899: En janvier, il effectue un séjour à l'Abbaye bénédictine française de Ligugé (Poitou). Un des moines, Dom Jean Parisot, s'intéresse à son histoire, qu'il raconte dans le livre Mgr Vilatte, fondateur de l'Église vieille-catholique en Amérique. Il devient, cette année-là, grand maître de l'Ordre de la Milice de Jésus Christ et de l'Ordre du Lion et de la Croix Noire (OLCN).

1900: Durant l'Exposition Universelle qui se tient à Paris, il fonde la Maison Franco-Américaine (199 boul. Pereire) offrant gîte et aumônerie aux visiteurs venus du Canada et des États-Unis. Le 6 mai, il consacre le prêtre Paulo Miraglia-Gullotti évêque d'une église nationale italienne et l'installe comme prélat commandeur de l'OCÉ en Europe. Il admet également dans l'ordre le prêtre Julien-Ernest Houssaye, qui le représentera en France et y fera naître une église nationale. À l'automne, il perd un collaborateur apprécié, M. Augustin Marchand, inhumé à Duval WI par le Rév. Minguy, et il vient vivre au Canada, à la Mission de l'Île Saint-Joseph (Ontario).

1902:   Il publie sa <u>Letter Concerning the Acceptance of the Protestant Episcopal Faith by Bishop Kozlowski</u> et élabore un projet de colonisation dans l'Ouest canadien, en collaboration avec le Ministère de l'Intérieur à Ottawa. Il contribue au développement de l'œuvre à Montréal et admet dans l'OCÉ le Rév. Dr. Ernest Margrander, professeur de théologie à Chicago.

1903:   Le 3 avril, il ordonne Franciszek Kanski prêtre pour une paroisse polonaise à Chicago (Transfiguration). À la fin du printemps, il va au Royaume Uni, inaugurer un ministère à Bournemouth (Angleterre) et ordonner des prêtres à Llanthony Abbey, Pays de Galles.

1904:   Il prend le Dr Margrander comme conseiller théologique et donne à Mgr Miraglia-Gullotti le mandat de consacrer le Rév. J. Ernest Houssaye évêque pour la France et prélat commandeur de l'OCÉ. La cérémonie a lieu le 4 décembre. Il ordonne T. Jakimowicz, A. de Lubicz, J. Tomaszewski et Gustave Panchaud prêtres pour des ministères à Chicago.

1905:   La loi de Séparation de l'Église et de l'État est promulguée en France le 9 décembre, donnant naissance au Mouvement des Cultuelles. Une conférence du clergé se tient huit jours plus tard à Chicago. Les prêtres renouvellent leur promesse d'ordination à Mgr Vilatte.

1906:   Il va en France, aider à leur demande, des prêtres et des politiciens à structurer le Mouvement des Cultuelles.

1907:   Le 23 janvier, il inaugure à Paris la paroisse des Saints-Apôtres (22 rue Legendre); procède à l'incardination de prêtres (P. Fatôme, G. Darragon, F. Meillon, L.A. Duhamel, J. Ruelle) et le 21 juin, il ordonne Louis-François Giraud, qui sera son vicaire général en France. Début de l'Église italo-américaine en Ohio, sous Padre Luigi Lops. Centre paroissial à Youngstown, dédié à San Rocco.

1908:   De retour en Amérique, il séjourne à Montréal. À cette époque, il aurait ordonné Ed. O'Neill pour le ministère au Canada. Il nomme Mgr Miraglia-Gullotti évêque auxiliaire, chargé de la constituante italo-américaine. Avant de quitter l'Europe pour les États-Unis, ce dernier consacre William P. Whitebrook évêque pour l'église en Angleterre, le 27 décembre. Le Rév. William (B. Harding) et cinq religieux fondent au Wisconsin l'abbaye bénédictine de St. Dunstan.

1909:   Il préside un synode à l'église Notre Dame de Winnipeg du 6 au 8 mars. Il reçoit le Rév. Paul Markiewicz dans le clergé et ordonne deux moines pour l'Abbaye de Llanthony (Pays de Galles): Gildas Taylor et Asaph Harris (qu'il bénit comme père abbé en succession à Dom Ignatius). Au printemps, il s'installe à Chicago, où il publie la brochure Apostolic Reunion in America.

1910:   Il fait une déclaration de principes ecclésiastiques le 1er janvier à Buffalo, conjointement avec Mgr Kaminski et Mgr Miraglia-Gullotti. Il fonde Vilatteville à Chihuahua au Mexique, le 18 juillet: une commune agricole sous l'égide de la S.P.S. (abandonnée le 10 mai 1911 en raison de troubles causés par la révolution mexicaine. Colons transférés au Nouveau-Mexique). L'ancien prêtre romain Enrico C. Carfora est admis au ministère pour la pastorale italo-américaine et succède au Rév. Lops à Youngstown, Ohio.

1911:   Mgr Kaminski décède le 19 septembre. Une paroisse (Sainte-Anne) est organisée à Montpelier, parmi les Bohémiens du Wisconsin, le 2 juillet.

1912:   La constituante italo-américaine est incorporée en Ohio le 14 juin, sous le nom de National Catholic Diocese. Le Rév. Carfora est consacré évêque diocésain.

1913:   Le 15 avril, une constituante hongroise se forme à South Bend dans le Michigan, sous le curé Viktor de Kubyiny. Mgr Vilatte le consacre évêque et l'investit comme chevalier de l'OCÉ. L'église bohémienne de Montpelier au Wisconsin est incorporée le 22 septembre, avec le Rév. Lops comme recteur. Il dessert également les paroisses de Gardner et de Duval. Le 16 novembre, au New Jersey, un synode polonais américain élit évêque le prêtre Josef Zielonka. Il est consacré par Mgr Miraglia-Gullotti.

1915:   Le 20 juin, il admet dans le clergé, par imposition des mains, deux prêtres anglicans : Frederic E.J. Lloyd pour Chicago et Samuel G. Lines pour Los Angeles. Le Rév. Lloyd est de ceux qui font incorporer avec lui l'American Catholic Church (A.C.C.), enregistrée en Illinois le 13 juillet 1915. À la même époque, il constitue un Apostolat de rite oriental et y affecte le Rév. Timothy V. Peshkoff de Chicago, ordonné le 15 août. Le 6 novembre, il reçoit dans l'église une paroisse italienne de Hackensack, N.J. (San Antonio de Padua) et son curé, Padre Antonio Lenza.

Le 29 décembre, il consacre le Rév. F.E.J. Lloyd comme évêque de l'Illinois. À la même époque, il reçoit un ancien religieux du Manitoba, Casimir F. Durand, et l'ordonne pour St. David's Chicago et pour le ministère en français de la paroisse cathédrale (Notre-Dame, Norwood Park). Il ordonne également Rene Zawistowski pour le ministère polonais à Central Falls, Rhode Island.

1916: Le 9 mai, Mgr Miraglia-Gullotti, à moitié paralysé, vient vivre avec Mgr Vilatte au presbytère de la paroisse cathédrale à Chicago.

1917: Le 24 octobre, naissent les fils jumeaux du Rév. Durand, René et Paul, qui portent les prénoms de Mgr Vilatte et de Mgr Miraglia-Gullotti. Le 16 décembre, un comité est formé à Central Falls, Rhode Island (RI), dans le but de construire une église polonaise. Les membres incluent Albert Ogara et Stanley Chmura.

1918: Mgr Miraglia-Gullotti meurt à Chicago le 25 juillet. Mgr Carfora unit son diocèse italien à la North American Old Roman Catholic Church présidée par Mgr F.R. de Landas (il lui succédera l'année suivante comme primat). Le Rév. Franciszek Kanski est mitré par Mgr Vilatte et le Rév. Durand va exercer son ministère à Windsor, Ontario. Son centre est au 245 avenue Ouellette.

1919: Mgr Vilatte établit, à Chicago, la Maison Sainte-Marie de Nazareth pour orphelins et convalescents. Le 18 mai, il consacre la nouvelle église polonaise de Central Falls, Rhode Island.

1920: Il préside le synode à Chicago le 10 avril. Un diocèse suédois amricain est formé et il le dote d'un évêque, en la

89

personne de Mgr Carl Nybladh, consacré le 5 décembre.

1921: Le 27 septembre, il ordonne, pour la constituante africaine américaine nouvellement formée, les prêtres George A. McGuire, M.D. et William Ernest J. Robertson, venus de l'anglicanisme. Le lendemain, assisté de Mgr Nybladh, il consacre évêque le Rév. Dr McGuire, élu par la constituante africaine appelée African Orthodox Church (AOC). Les Rév. Durand et Robertson agissent comme témoins.

1923: Au mois de mars, il admet Mgr McGuire dans l'OCÉ. L'investiture a lieu en juin à l'Église Good Shepherd (AOC), à New York. Durant la même cérémonie, il remet à madame Ada McGuire et à la Dre Marie Louise Montague, présidente fondatrice de la Ligue humanitaire internationale, la distinction appelée Le Grand Prix Humanitaire. Il approuve, à la même époque, la fondation d'une paroisse à Minneapolis, Minnesota, par le Rév. C.F. Durand. Également, après avoir nommé Mgr Lloyd président de l'ACC, et mis le Rév. Durand en charge des francophones, il se retire en France. En octobre, à Gargan, il établit l'Œuvre Notre-Dame de France, une extension de l'Église en Amérique. Là, le 10 octobre, il émet un décret permettant la consécration (le 18 novembre) du Rév. W.E. Robertson comme coadjuteur de Mgr McGuire. Le 6 décembre, il nomme le Rév. Maxime Adrot auxiliaire en France.

1924: Le 24 mai, il ordonne, à Gargan, Edmond Éthier puis, en juin, Charles-Alphonse Blanchette de Pittsburg. Il est alors approché pour diriger une Église nationale française que des politiciens veulent constituer sous l'autorité de la Loi des cultuelles. Le 25 décembre, voulant lui exprimer leurs sentiments filiaux, Mgr Louis F. Giraud de France (successeur de l'évêque Houssaye), son auxiliaire Pierre G. Vigué et l'évêque autrichien Alois Stumpfl le nomment patriarche de l'épiscopat gallican. La même année, le Rév. Axel Z. Fryxell de Seattle, Washington, est consacré comme deuxième évêque de la connstituante suédoise américaine le 24 juin. Mgr. Victor de Kubyini devient évêque des États de l'Est atlantique (États-Unis) le 16 octobre.

1925:   Il reçoit l'aide du Père Eugène Prévost de la Fraternité Sacerdotale, un ordre romain qui prend soin du clergé âgé. Ce dernier fait des arrangements pour que Mgr Vilatte aillle vivre avec les moines cisterciens du Pont Colbert, à Versailles. C'est là qu'il meurt d'une crise cardiaque le 1er juillet 1929. Ses funérailles ont lieu le 3 juillet, dans la chapelle de l'abbaye. Il repose dans le cimetière des Gonards à Versailles.

BIBLIOGRAPHIE

PUBLICATIONS DE MGR VILATTE

ESSAIS

Apostolic Reunion in America, Chicago, 1909.

Appeal for Assistance in Building an Old Catholic College, Little Sturgeon, Wisconsin, 1887.

A Sketch of the Belief of the Old Catholics, Duval, 1890, en collaboration avec les conseillers synodaux Guillaume Barrette, Édouard Debecker et Augustin Marchand.

Autobiographie. Rédigée en 1910. Publiée en 1933, par St. Willibrord Press, Chicago, sous le titre *A Personal Narration by the Most Reverend Rene Vilatte*. Ré-éditée en 1960, par H.G. de Wilmott Newman, sous le titre *My Relations with the Protestant Episcopal Church*, Glastonbury, U.K.

Chivalrous and Religious Order of the Crown of Thorns Statutes, James Kerr & Sons, Forth Howard, Wisconsin, 11 août 1893, en collaboration avec le Révérend Gaston Fercken.

Ecclesiastical Relations between the Old Catholics of America and Foreign Churches, en collaboration avec Guillaume Barrette, Édouard Debecker et Augustin Marchand, Duval, Wisconsin, 1892.

Encyclical to All Bishops Claiming to Be of the Apostolic Succession, Duval, Wisconsin, Novembre 1893.

Letter Concerning the Acceptance of the Protestant Episcopalian Faith by Bishop Kozlowski, American Catholic Church, Chicago, 1902.

Ordre de la couronne d'épines: Perspective historique, Chicago, 1923.

Orphan and Convalescent Home of St. Mary of Nazareth, Chicago, 1919.

St. Peter in Rome?, Duval, Wisconsin, 1893.

The Society of the Precious Blood, en collaboration avec le Rév. J.B. Gauthier, Gardner, Wisconsin,1888.

The Independent Catholic Movement in France, Londres, 1907.

The Most Reverend Vilatte (Gawas, ON) Papers (Scheme for promoting Immigration from France, etc.), 1902-1904, Bibliothèques et Archives Canada, Ottawa, Microfilm no C-7807, volume 258, Dossier Partie 1.

Vilatteville, Candelaria Station, Chihuahua, Mexico: An Institution of the Society of the Precious Blood, 1910.

MATÉRIEL CATÉCHÉTIQUE ET LITURGIQUE

Catéchisme, Bryson ed., Philadelphia, 1886.

Livre de prière, Episcopal Publishing House, New York, 1886.

Mode of Receiving the Profession of the Old Catholic Faith from one Newly Converted, Chicago, 1919.

The Smaller Catechism, Duval, Wisconsin, 1893. 2e édition, Chicago, 1912.

The Smaller Missal, Green Bay, 1896.

PÉRIODIQUES

The Old Catholic (1891), The Little Catholic Star (1895), The Catholic Truth (1898), The American Catholic (1915).

LIVRES, ARTICLES, TÉMOIGNAGES SUR MGR VILATTE OU AYANT RAPPORT À LUI ET À SON OEUVRE

Archbishop Vilatte of Wisconsin, dans **The Chiniquy Collection**, série 09, no 103, A. Pequegnat, Elliot Lake, Ontario.

Abramisov, David , *Vilatte and Orthodoxy*, **The Orthodox World**, vol. XII, no 2, mars-avril 1969.

Ashmall, Donald, *Statement of Tribute and Thanksgiving: Bishop Rene Vilatte*, International Council of Community Churches, 3 mars 2014.

Aubault de la Haute Chambre, Georges, J.K. Huysmans, **Souvenirs**, éditions Eugène Figuière, Paris, 1924.

Azevedo, Carmo, **Patriot and Saint. The Life Story of Bishop Mar Julius**, Panjim, 1988.

Bartoszek, Donald S., *Apostolic Succession of Joseph Rene Vilatte*, dans **Old Catholics ... in the USA**, Archives du diocèse catholique romain de Green Bay, document no 201, 1959-1960.

Bricaud, Jean, **Notice sur le sacerdoce et l'épiscopat de Mgr Vilatte**, édition Charcognac, Lyon, septembre 1927.

Byrne, Julie, **The Other Catholics: Remaking America's Largest Religion**, Columbia University Press, 2016.

Chiniquy, Charles, *Pastor's Register,* dans **The Chiniquy Collection**, Série 09, no 001, A. Pequagnat, Elliot Lake, Ontario. Mgr Vilatte est mentionné dans les sections: *Communicants received, 1881-1884*, et *Ministers who graduated from our (Saviour's) College*.

Cogné, Daniel, *Les armoiries de J. René Vilatte, 1854-1929*, **L'Héraldique au Canada**, vol. XIX, no 3, septembre 1985.

Côté, Thomas G.A., *René Vilatte, missionnaire à Fall River, M.A.*, **L'Aurore**, Montréal, 1882.07.27; 1882.08.03; 1882.08.10; 1882.09.21.

Gaworek, Leah, *Good Shepherd or Wolf in Sheep's Clothing: Joseph Rene Vilatte*, **Voyageur**, Green Bay WI, hiver/printemps 2004, p. 28-35.

Greene, Stanley, *Témoignage sur le ministère de Mgr Vilatte au Wisconsin*, Fonds de l'Église catholique-chrétienne, Bibliothèque et Archives nationales du Québec (P103).

Greene, Stanley, *The Story of Sturgeon Bay's First Park*, **The Peninsula**, Sturgeon Bay, WI, Vol. 7, Summer 1963, p. 7.

Hamelin, Jean, **Le Père Eugène Prévost, 1860-1946**, Presses de l'Université Laval, Québec, 1999, p. 168, 331-332, 338.

Hogue, W.H., *The Episcopal Church and Archbishop Vilatte*, **Historical Magazine of the Protestant Episcopal Church**, XXXIV (1967), 36.

Klukowski, Constantine, **History of St. Mary of the Angels Catholic Church Green Bay WI**, Provincial (O.F.M.) Library, Pulaski WI, 1956. *Informations utiles dans les chapitres VI & VII sur l'église Saint-Louis établie par Mgr Vilatte, qui a servi de première église à la paroisse polonaise St. Mary of the Angels.*

Le Catholique Français, publié par le Père Hyacinthe Loyson, Paris, octobre 1890.

L'Étincelle, publiée par Mgr J.E. Houssaye, Paris, mai-août 1902.

Marx, Joseph A., *Archbishop Vilatte and the Old Catholic Church of America*, Archives du diocese catholique romain de Green Bay, Wisconsin.

Parisot, Jean, **Mgr Vilatte, fondateur de l'Église vieille-catholique aux États-Unis d'Amérique**, Imprimerie Soudée, Tours et Mayence, 1899.

Registres des baptêmes, mariages et sépultures des paroisses Précieux-Sang, Gardner, Sainte-Marie, Duval, et Sainte-Anne, Montpelier, WI, 1885-1922

Samson, L.J.A. & Vilatte, René, *Institution Indépendante de Saint-Hyacinthe*, **Le Courrier de Saint-Hyacinthe** (Quebec), 4 novembre 1880.

The Catholic Truth, Buffalo, vol. 1, no 1, juin 1898.

The Church Scholiast, septembre 1887, sur le Rév. Vilatte, prêtre modèle.

Thériault, S.A., *Charles Chiniquy et les Églises catholiques-chrétiennes*, **Aujourd'hui Credo**, Église Unie du Canada, novembre 1999.

Thomas, Sunny, **Behold a Saint. The Life and Times of Parumala Mar Gregorios**, Printaid, New Delhi, 1977.

RITE CATHOLIQUE-CHRÉTIEN, MOUVEMENT D'ORGANISATION COMMUNAUTAIRE DE LA RELIGION, ÉGLISES LIBRES, OECUMÉNISM, GALLICANISME

American Catholic Quarterly Review, vol. 14 (1889).

Article dans **Altkatholischer Volkskalendar**, Baden-Baden, 1898, p. 65.

Boone, Ardis M., **Father Charles Chiniquy's Ledger**. Baptêmes, mariages et sépultures: Première église de St. Anne IL (1851), Église catholique-chrétienne (1858)…

Brettell, Caroline B., **Following Father Chiniquy: immigration, religious schism, and social change in nineteenth-century Illinois**, Southern Illinois University Press, 2015.

Chiniquy, Charles, **Autobiographie**, éditions Beauport, Saint-Romuald, Quebec, 1986. Synthèse de ses ouvrages *Cinquante ans dans l'Église de Rome* et *Quarante ans dans l'Église du Christ*.

Chiniquy, Charles, **Persécutions aux Illinois, de l'abbé Chiniquy, l'apôtre de la tempérance au Canada**, 1857. Microfilm, Bibliothèque et Archives mationales Canada, Ottawa, 1983.

Durand, Casimir F., **The Old Catholic Church and Other Writings**, Apocryphile Press, Berkeley, 2010.

French, S.J., article sur la Mission du Bon Pasteur, Little Sturgeon, Wisconsin, **The Living Church**, 24 octobre 1884.

Harding, Bernard E. (Bro. William), **The Genesis of Old Catholicism in America**, Beati Pacifici, 1898.

Lougheed, Richard, **La Conversion controversée de Charles Chiniquy**, éditions La Clairière, Québec, 1999.

Loyson, Hyacinthe, **Liturgie de l'Église gallicane, suivie d'un abrégé du catéchisme et d'un programme de la réforme catholique**, Grassard, Paris, 1891.

Michaud, Eugene, article dans **Le Catholique national**, Berne, juin 1897.

Natsoulas, Theodore, *Patriarch McGuire and the Spread of the African Orthodox Church to Africa*, **Journal of Religion in Africa**, Vol. XII, 2 (1981), p. 81-104.
Newhall, J.R., **Introducing the International Council of Community Churches**, Community Church Press, 1994.

Parot, Joseph J., **Polish Catholics in Chicago, 1850-1920**, Northern Illinois University Press, 1981.

Perdriau, Henri, **Fiat Lux. La logique et le bon sens**, La Vérité, Woonsocket, Rhode Island, 1928

Shotwell, J.R., **In Christian Love. Deliberations on a Decade**, Community Church Press, Homewood, Illinois, 1991; **Unity Without Uniformity**. History of the Community Church Movement, Community Church Press, 1999.

Shute, Daniel, *An Inquiry into the Presbyterian Work of the French Canadian Evangelization: Critical Factors in its Foundation*, **Journal of the Historical Society of the Presbyterian Church of Canada**, 1981.

Terry-Thompson, Arthur C., **The History of the African Orthodox Church**, 1956.

Teyssot, Thierry, **Église gallicane. Histoire et actualité**, Bordeaux, 1994.

The Negro Churchman, New York, décembre 1923 et novembre 1924.

Thériault, S.A., *Charles Chiniquy, un homme de conviction, passionné et passionnant, 1809-1899*, **Credo**, Église Unie du Canada, novembre 1999, pages 3-8. *Charles Chiniquy et les églises catholiques-chrétiennes*, idem, pages 9-10.

Thériault, S.A., *Jerome Pelletier from Sorel (Quebec) and family at the origin of the Christian Catholic Church in Wisconsin*, **French**

Canadian/Acadian Genealogists of Wisconsin Quarterly, Vol. 20, No. 3, hiver 2005-2006.

Thériault, S.A., *L'Église catholique-chrétiennehe: une présentation*, **Germaniques: Ahnengalerie**, Verlag/Ahnentafel, Québec, vol. 2, no1, 2002.

Thériault, S.A., *The French-Canadian Community Church Movement*, **The Christian Community**, vol. 40, no 8, pages 1 & 4.

Thériault, S.A., *La réforme catholique franco-américaine*, **Credo**, vol. 30, no 12 (1983), p. 20-22.

Theriault, S.A., *Two Western Quebec Families at the origin of the Christian Catholic Church in Illinois and Wisconsin*, **French Canadian/Acadian Genealogists of Wisconsin Quarterly**, vol. 19, no 2, hiver 2004-2005,
p. 48-59.

Wielewinski, Bernard, **Polish National Catholic Church, Independent Movements, Old Catholic Church and Related Items. An Annotated Bibliography**, Columbia University Press, New York, 1990.

MOUVEMENT VIEUX-CATHOLIQUE, CATHOLICISME INDÉPENDANT

Dederen, Raoul, **Un réformateur catholique au 19e siècle: Eugène Michaud, 1839-1917**, Droz, Genève, 1963.

Gauthier, Léon, **Le vieux-catholicisme**, Genève, 1952.

Michaud, Eugène, **La notion exacte de la réforme catholique**, Conférences sur la réforme catholique et la crise actuelle, Genève, 1878.

Michaud, Eugène, **Programme de réforme de l'Église d'Occident**, Paris, 1872.

Thériault, S.A., *Mgr D.M. Varlet, de l'Église de Québec à la réforme d'Utrecht*, **Revue d'histoire de l'Amérique française**, Montreal, vol. 36,   no 2 (sept.1982), p. 195-212.

Thériault, S.A., **Mgr D.M. Varlet: Lettres du Canada et de la Louisiane**, Presses de l'Université du Québec, 1986.

Thériault, S.A., **Msgr. Dominique M. Varlet, Originator of the Old Catholic Episcopal Succession**, Apocryphile Press, Berkeley, 2010.

Theriault, S.A., *L'approche pastorale de Mgr D.M. Varlet, 1678-1742*, **Internationale Kirchlische Zeitschrift** (IKZ), Berne, juillet-septembre 1985, p. 180-188.

Thériault, S.A., *La sainte Trinité dans la théologie de Mgr Dominique Varlet, aux origines du vieux-catholicisme*, IKZ (Berne), oct.-déc. 1983, p. 234-245.

ANNEXE

Statuts constitutifs du diocèse

Vu que le Révérend Rene Vilatte, évêque élu des vieux-catholiques d'Amérique à Dyckesville (Duval), dans le comté de Kewaunee au Wisconsin, a trouvé bon que le diocèse et sa paroisse (cathédrale) Sainte-Marie dans le lieu, le comté et l'état précités soient incorporés de la manière prescrite par le chapitre 37 des Lois du Wisconsin sur les «sociétés religieuses» approuvé le 8 mars 1883, et ayant satisfait aux dispositions dudit chapitre relatives à l'incorporation:

Sachez par les présentes que nous, Rene Vilatte, évêque élu dudit diocèse, le Révérend Jean-Baptiste Gauthier, curé (à Gardner), le Révérend Bernard E. Harding, secrétaire, et Guillaume Barrette et Édouard Debecker, laïcs, nous associons dans le but d'incorporer ladite entité conformément au chapitre 37 des lois de l'État du Wisconsin.

La paroisse Sainte-Marie, dont l'emplacement sera à Dyckesville, comté de Kewaunee au Wisconsin, fera partie dudit diocèse vieux-catholique et sera sous la juridiction de son évêque actuel et de ses successeurs.

L'objet de cette société est d'acheter, d'accepter, de posséder et de détenir des biens réels et personnels pour l'usages et le bénéfices de cette société et de les vendre et d'en disposer pour les mêmes usage et bénéfice, sous réserve des restrictions prévues, et de faire toutes les choses nécessaires à la bonne marche des affaires et des responsabilités de ladite corporation, et de faire toutes les choses utiles à la gestion des affaires temporelles de l'Église vieille-catholique d'Amérique et de ladite paroisse (cathédrale), pour le bénéfice de ses membres actuels et futurs, conformément aux règlements établis par ses statuts, ainsi qu'à acheter, posséder, détenir, réglementer, contrôler, gérer ou vendre tous biens tels que lieux de culte, cimetières, couvents, maisons de formations, en rapport avec ladite Église vieille-catholique ou pouvant lui être assignés par l'évêque ou son mandataire.

La propriété réelle et personnelle qui sera achetée, approuvée ou acquise par la paroisse Sainte-Marie et d'autres associés ou en lien avec l'Église vieille-catholique, ou fondées par elle (lieux de culte, cimetières, maisons de formation …), devront être dévolues à la dite corporation et ne servir qu'aux seuls fins et bénéfices de cette dernière, et de l'entité descendue d'elle en succession perpétuelle.

Cette corporation sera dirigée par un président, un vice-président et un trésorier. Mgr René Vilatte, évêque élu, ou son successeur désigné selon la constitution de l'Église vieille-catholique, remplira d'office la charge de président. Le Révérend Jean-Baptiste Gauthier, curé de paroisse ou son successeur, sera d'office vice-président. Le secrétaire sera choisi par l'ensemble ou la majorité des membres du conseil de direction. Deux dirigeants laïcs seront élus par l'assemblée des membres. Les responsabilités du président, du vice-président et du secrétaire seront définies dans la constitution.

Mgr René Vilatte, évêque élu, et le curé Jean-Baptiste Gauthier seront dirigeants de cette corporation aussi longtemps qu'ils en seront respectivement évêque et curé. Le Révérend Bernard E. Harding en sera le secrétaire. Si l'un ou l'autre cesse d'être évêque, curé ou secrétaire, on lui désignera un successeur qui deviendra évêque, curé ou secrétaire. Ils auront de la même façon une succession perpétuelle. Messieurs Édouard Debecker et Guillaume Barrette, laïcs, seront membres du conseil de cette corporation pour un terme de deux ans à partir du 6 juin 1888, jusqu'à ce que leurs successeurs aient été élus selon les règles prévues.

L'évêque, le curé, le secrétaire, les deux laïcs et leurs successeurs respectifs formeront le conseil de direction et exerceront les pouvoirs nécessaires à la bonne conduite des affaires de la corporation. Le conseil de direction pourra, à tout moment, par vote majoritaire, remplacer le secrétaire si les intérêts de la corporation le demandent. Cette corporation est formée sans capital action et aux seules fins indiquées plus haut. L'élection des deux laïcs nommés plus haut a eu lieu à Dyckesville le 6 juin 1888. Une autre élection doit avoir lieu le 6 juin 1890. Par la suite, elle se fera aux trois ans. Les membres du conseil de direction adopteront les règles nécessaires au bon fonctionnement de l'Église et de ses paroisses. Cela se fera par vote majoritaire et en conformité avec les lois civiles et la discipline vieille-catholique.

Les amendements à la constitution de l'Église se feront de la manière prescrite et non autrement. Avant de prendre effet, les changements auront été consignés par le secrétaire dans un livre de minutes. Ils auront été approuvés à l'unanimité ou à majorité des membres du conseil de direction. Leur signature dans le livre des minutes en fera foi.

Ces statuts constitutifs sont signés par le président et le secrétaire, en présence de deux témoins, à Dyckesville, comté de Kewaunee, Wisconsin, le 13ᵉ jour de février 1890.

Témoins   Signataires

Guillaume Barrette   René Vilatte, évêque élu
Hubert Joachim   président de cette corporation

                                 Bernard E. Harding, secrétaire

État du Wisconsin, Comté de Kewaunee

Ce 13e jour de février 1890, ont comparu devant moi les personnes sus-nommées: l'évêque élu René Vilatte comme président et le Révérend Bernard E. Harding comme secrétaire de la dite corporation.

Les deux sont les dirigeants qui ont préparé les statuts constitutifs aux fins ci-haut mentionnées.

Enregistré le 25 mars 1890   Joseph Wéry, notaire public
                                     Comté de Kewaunee

Mgr Vilatte (2e) et le curé J.B. Gauthie

Statuts constitutifs de l'American Catholic Church (ACC)

Nous, soussignés, J. René Vilatte, Frederic E.J. Lloyd et Louis Zawistowski, citoyens des États-Unis, voulons constituer une société en vertu de loi de l'Assemblée générale de l'État de l'Illinois, intitulée Loi concernant les sociétés, approuvée le 18 avril 1872.

Les buts pour lesquels la société est formée sont:

• de promouvoir, diffuser et maintenir les principes et la foi de l'Église catholique américaine (ACC), dont l'épiscopat provient du Saint-Siège d'Antioche;

• d'établir et maintenir un Conseil Primatial et une organisation religieuse dans toute l'Amérique, ayant juridiction sur les diocèses et paroisses, dont les membres adhèrent à la déclaration de foi et au rite liturgique de l'ACC;

• accorder à l'archevêque métropolitain (ou primat) l'autorité et le pouvoir d'acquérir, d'acheter, de recevoir, de détenir et de transmettre des biens réels, personnels et mixes de quelque nature que ce soit, pour les buts et usages dudit archidiocèse, et pour le maintien de diocèses, paroisses et institutions religieuses et charitables relevant de sa juridiction et de la surveillance de l'archevêque et de ses coadjuteurs et conseillers;

• d'établir des églises, des hôpitaux, des infirmeries, des écoles, des couvents et des monastères, ainsi que toutes autres institutions religieuses, éducatives et caritatives pour le maintien, le traitement et la guérison des affligés, et pour la formation religieuse et technique (manuelle) des croyants des paroisses et des convertis;

• d'unir dans une organisation religieuse, sociale, éducative et bénévole les membres appartenant aux paroisses, aux églises, aux sociétés et aux congrégations de ladite juridiction et de leurs familles, qui professent les principes et la foi de l'ACC, ainsi que les personnes envisageant cette fin;

• de consacrer des évêques, d'ordonner des prêtres, des diacres et des moines, d'admettre des hommes et des femmes à la vie religieuse, de consacrer des églises, des chancelleries et des cimetières; et d'établir des règles pour leur bon fonctionnement.

L'administration de la corporation et la juridiction de toutes les questions relatives aux buts, intérêts et pouvoirs de celle-ci, et le pouvoir d'établir des règles pour son bon gouvernement, seront dévolus à un conseil d'administration de cinq membres, incluant d'office l'archevêque métropolitain, agissant comme président, et ses successeurs, tous dûment élus par les membres ou croyants, de la manière définie pour élire et démettre, par le conseil d'administration, selon le droit canon et les règlements de l'archidiocèse.

Les directeurs suivants sont choisis pour gérer ladite société durant la première année de son existence: Mgr J. René Vilatte, primat et président du conseil, Frederic E.J. Lloyd, Louis R. Zawistowski, George H. Nelson et Carl W. Miller, qui formeront le premier conseil d'administration. Les bureaux corporatifs et le siège primatial sont situés à l'adresse suivante: 3657 Grand Boulevard, Chicago, comté de Cook, Illinois, États-Unis.

**Mgr Vilatte sur sa cathèdre,
dans l'église Notre-Dame, Chicago, 1915**

NOTES

[1] Il a enseigné à Notre-Dame-du-Laus (1er maître d'école), à Saint-Hyacinthe et à l'Institut français de la Pointe-au-Trembles entre 1874 et 1881.

[2] Charles Chiniquy (1809-1899), prêtre canadien-français, a été apôtre de la Tempérance au Québec et fondateur de la paroisse de Sainte-Anne (Kankakee) en Illinois. Il est à l'origine d'une réforme dont sont issues des congrégations catholiques-chrétiennes et protestantes, presbytérienne et baptiste notamment. Il fut un prédicateur d'exception qui soulevait les foules.

[3] Mgr Vilatte, Autobiographie *A Pioneer Narrative*, Chicago, 1910.

[4] Sous l'autorité de la Loi sur les corporations religieuses du Québec, à partir des statuts constitutifs rédigés par Mgr Vilatte. Le diocèse, appelé Ordinariat des vieux-catholiques d'Amérique, est depuis 1983 le Rite catholique-chrétien du Conseil international des Églises communautaires.

[5] L'ACC a été organisée le 20 août 1894, lors d'un synode à Cleveland, Ohio. Les églises de langue polonaise ont d'abord adhéré, suivies d'autres groupes, à commencer par des Italo-américains.

[6] The Year Book of the Churches 1924, Federal Council of the Churches of Christ in America, New York, p. 13.

[7] La loi de Séparation des Églises et de l'État en 1905 a institué en France des *associationscultuelles* dites aussi paroissiales. https://fr.wikipedia.org/wiki/Association_cultuelle

[8] Il était adulé par ses paroissiens, raconte Stanley Greene (Entrevue sur Mgr Vilatte, University of Wisconsin at Green Bay), citant le Rév. Parker Curtis (*An Old Man's Love Story*), qui l'a connu au Wisconsin. Tous ceux qui sont venus en contact avec Mgr Vilatte ont témoigné de sa gentillesse. *Je l'ai visité quand il était curé à Duval*, d'écrire le Rév. Curtis, *et il nous a reçu avec chaleur... Je*

n'oublierai jamais cette scène: Maria Hay, une femme aveugle, qui chantait dans la chorale paroissiale, est venue mettre ses bras autour de son cou et l'embrasser sur les joues. C'était une expression spontanée de l'affection profonde qu'elle avait pour son curé.

[9] On en trouvera la liste dans la bibliographie.

[10] En collaboration avec Guillaume Barrette, Édouard Debecker et Augustin Marchand.

[11] Parue dans The Old Catholic, vol. 1, no 1, 1892, et dans Le Réveil, Montréal, 1898.07.30

[12] Parue dans The Old Catholic, vol. 8, no 1, Green Bay WI, 1898.

[13] Parue dans la *New Herzog Encyclopedia of Religious Knowledge*, 1911, pages 572-573.

[14] The Old Catholic, avent 1893.

[15] A paru sous forme de poème dans The Old Catholic, carême 1895.

[16] The Little Catholic Star, octobre 1894.

[17] The Old Catholic, juillet 1895.

[18] The New Schaff-Herzog Encyclopedia of Religious Knowledge, 1911, p. 571.

[19] The Old Catholic, vol. 4, no 12, décembre 1895.

[20] Texte paru dans R. Vilatte, *Chivalrous & Religious Order of the Crown of Thorns Statutes*, Fort Howard, Wisconsin, 1893, p. 7.

[21] The Detroiter Abenpost, 1894.01.03.

[22] Cleveland Plain Dealer, 1894.08.20 et *Polish American Studies*, vol. 40, no 2, 1998.

[23] Rochester Democrat & Chronicle, 1894.09.30.

[24] Le 3 février 1907.

[25] Le 19 décembre 1915.

[26] Pawtucket R.I. newspaper, 1919.05.19.

[27] Parue dans *The Republican*, Sturgeon Bay, 1891.05.14, et dans le *Green Bay Daily Gazette*, 1892.08.25.

[28] Mentionnée dans *l'Histoire des Franco-Américains* par Robert Rumilly, Union Saint-Jean-Baptiste d'Amérique, 1958, page 153.

[29] Compte rendu dans The St Joe Herald de janvier 1902.

[30] The Old Catholic, vol. IV, no 2, décembre 1895.

[31] Journal Gil Blas, Paris, 1907.02.16; L'Ouvrier, Paris, 1907.03.15.

[32] Circulaire *Chivalrous Order of the Crown of Thorns*, Chicago, octobre 1904.

[33] The Old Catholic, juillet 1895.

[34] *Scheme for promoting immigration to Canada*. Présenté au sous-ministre de l'Intérieur James Smart à Ottawa, le 1er avril 1902, in Papiers de Mgr Vilatte (Gawas, Ontario), Bibliothèque et Archives nationales du Canada, microfilm no C-7807, vol. 258, partie I. Et circulaire *Vilatteville, a farming community under the auspices of the Society of the Precious Blood in Chihuahua, Mexico, juillet 1910*.

[35] Circulaire *Orphan and Convalescent Home of St. Mary of Nazareth*, Chicago, 1919.

[36] Parue dans l'Étincelle, no 172, Paris, 7 mai 1907.

[37] Parue dans *Le Gallican* en février 1925.

[38] Les références bibliques sont mises entre parenthèses dans le texte. Par souci d'uniformité, je les ai indiquées partout, même là où Mgr Vilatte ne l'a pas fait.

[39] S.A. Thériault, *Msgr. Rene Vilatte, Community Organizer of Religion*, Apocryphile Press, Berkeley, 2012, pages 100-105.

[40] *Msgr. Casimir Durand, The Old Catholic Church and Other Writings*, Apocryphile Press, Berkeley, 2010, page 67.

[41] Nous maintenons la foi de toujours, pages 23-25.

[42] Défendre la vérité catholique orthodoxe, pages 17-19.

[43] Pourquoi nous ne sommes pas romains, pages 57-58.

[44] S.A. Thériault, *Msgr. Rene Vilatte,* op. cit.

[45] Défendre la vérité catholique orthodoxe, page 17, et Que signifient ces pierres?, page 45.

[46] La foi a été révélée une fois pour toutes, page 36-37.

[47] Pourquoi nous ne sommes pas romains, page 57.

[48] Msgr. Rene Vilatte, Community Organizer of Religion, page 104.

[49] La foi a été révélée une fois pour toutes, pages 33-37.

[50] Idem.

[51] Nous maintenons la foi de toujours, page 23.

[52] La foi a été révélée une fois pour toutes, page 36.

[53] Depuis son élection par le synode, à Duval (Kewaunee), Wisconsin, le 16 novembre 1889.

[54] Par la séparation de 1054, il entend la rupture survenue entre l'Église de Rome (Occident) et l'Église de Constantinople (Orient). *Par la suite*, ajoute-t-il, *on a vu maintes sectes sortir de l'Église catholique pour s'unir au protestantisme.*

[55] Terme péjoratif employé pour qualifier les doctrines de l'Église romaine trouvées en dehors du sentier catholique commun au christianisme indivisé.

[56] Avant l'apostasie de Rome, précise-t-il.

[57] Basé sur la profession de foi faite lors de sa consécration épiscopale.

[58] Cette hérésie, enseignée par le prêtre Arius (250-336), niait un point essentiel de la foi chrétienne: la divinité de Jésus. Elle a été condamnée par le concile de Nicée en 325.

[59] Le nestorianisme affirme que deux personnes, l'une divine, l'autre humaine, coexistent en Jésus Christ. Cette thèse a été défendue par Nestorius, patriarche de Constantinople (428-431).

[60] Le monophysisme soutient que le Christ a uniquement une nature divine. Ceci va à l'encontre du dogme de la double nature (humaine et divine) établie par le concile de Chalcédoine en 451.

[61] Wladimir Guettée, né René François Guettée (1816-1892), était un prêtre catholique converti à l'orthodoxie. Il a écrit de nombreux ouvrages d'histoire religieuse qui ont, de son vivant, suscité la polémique au sein de l'Église catholique romaine française, dont *La Papauté hérétique* (Sandoz et Fishbacher, Paris, 1874). https://fr.wikipedia.org/wiki/Wladimir_Guettée

[62] Phrase au complet: *Quod ubique, quod semper, quod ab omnibus creditum est.* Elle est attribuée à saint Vincent de Lérins et signifie: *"ce qui a été cru partout, toujours et par tous"*. C'est ce qu'on appelle la règle ou le critère de catholicité de la foi chrétienne.

[63] L'âge apostolique est traditionnellement la période des douze apôtres, allant de la Grande Commission des Apôtres par le Christ ressuscité jusqu'à la mort du dernier apôtre, considérée comme étant celle de l'apôtre Jean en Anatolie vers l'an 100. https://fr.wikipedia.org/wiki/Âge_apostolique

[64] Par la propitiation, par le sang de son Fils qui les a expiés, Dieu efface nos péchés si nous Le lui demandons par le Christ, notre substitut et notre avocat.

[65] Tel que le "filioque" dans le credo. Voir son mandement sur le Saint-Esprit qui procède du Père.

[66] M. William Morey (1837-1908) était alors consul des États-Unis à Colombo.

[67] L'évêque romain de Besançon exacerba les passions en excommuniant les membres de la cultuelle de Contréglise. Il afficha leurs noms sur les portes des églises de son diocèse.

[68] Les prêtres et les fidèles qui ont fondé des paroisses indépendantes ont encouru l'excommunication. Ceci a causé des failles profondes dans les communautés polonaises. Les fidèles catholiques romains saluaient souvent ceux des paroisses indépendantes avec le mot polonais *Barabaszy* (traîtres). La faction indépendante répliquait avec la raillerie *Rzymiany* (romains). Ce criage de noms se faisait souvent en public. Même les cortèges funèbres des indépendants pouvaient être accueillies avec le cri de *Barbaszy*. http://clevelandmemory.org/ebooks/Polish/part03.html. Dans ce contexte de tension, les passions pouvaient s'exacerber au

point d'entraîner des échanges de coups de feu comme on l'a vu à Omaha (Nébraska) en 1895.
https://en.wikipedia.org/wiki/Poles_in_Omaha

[69] Mgr Vilatte était alors évêque élu.

[70] Famille de M. Constant Jandrain.

[71] 1,800 Canadiens-français et 300 Irlandais.

[72] Dédiée à saint Jean-Baptiste, patron des Canadiens-français.

[73] Une première rencontre a eu lieu au mois de mai, avec les dirigeants: MM. Moise Bessette, Éloi Jetté et le Dr Charles Leclaire, m.d.

[74] Elle était située sur le lot no 6, concession V, tel qu'indiqué au contrat signé le 11 juin 1898. C'était un lot de 105 acres situé sur le versant sud-est de la Baie Desjardins, plus tard appelée Gawas Bay. Elle comprenait une maison de sept pièces et un édifice attenant, dans lequel était la chapelle.

[75] L'un d'eux était le Rév. Ernest C. Margrander, D.Chr. Il était conseiller théologique de Mgr Vilatte. Une partie de son ministère s'est passée au séminaire diocésain à Chicago, où il a enseigné l'histoire de l'église et la théologie dogmatique. Il a écrit plusieurs articles dans **The New Schaff-Herzog Enclyclopedia of Religious Knowledge** (1912).

[76] L'apôtre ne parle pas de Rome au sens figuré de Babylone, mais de l'ancienne ville de Babylone en Irak, qui était la métropole de la diaspora juive au Moyen-Orient. Adam Clarke,"Commentary on 1Peter 5:13". The Adam Clarke Commentary, 1832.

[77] Alfonso Salmeron (1515-1585), auteur d'études sur le Nouveau Testament. https://fr.wikipedia.org/wiki/Alfonso_Salmeron

[78] La colonie envisagée était en Saskatchewan, près de Rosthern, au sud de Basin Lake, dans les cantons 41 & 42, rangs 23 & 24, W.2.M. et s'appelait *Port Royal.* Lettre de J. Obed Smith, Commissaire de l'Immigration à Winnipeg, à Frank Pedley, surintendant de l'immigration à Ottawa (1902.08.21), **Papiers de Mgr R. Vilatte (Gawas ON)**, Bibliothèque et Archives Canada, Ottawa, microfilm C-7807, vol. 258.

[79] Cet ordre *est religieux et ecclésiastique, et sans rapport avec les ordres que donnent les souverains et chefs d'état*, <u>Canada-Revue</u>, Montréal, 1er janvier 1894.

[80] Livre apocryphe inclus dans la Vulgate de saint Jérôme mais exclus des bibles actuelles.

www.ingramcontent.com/pod-product-compliance
Lightning Source LLC
Chambersburg PA
CBHW031139090426
42738CB00008B/1155